T0363005

THE RAUPŌ
ESSENTIAL
MĀORI
DICTIONARY

MARGARET SINCLAIR & ROSS CALMAN

RAUPO

PENGUIN BOOKS

Published by the Penguin Group
Penguin Group (NZ), 67 Apollo Drive, Rosedale,
Auckland 0632, New Zealand (a division of Pearson New Zealand Ltd)
Penguin Group (USA) Inc., 375 Hudson Street,
New York, New York 10014, USA
Penguin Group (Canada), 90 Eglinton Avenue East, Suite 700, Toronto,
Ontario, M4P 2Y3, Canada (a division of Pearson Penguin Canada Inc.)
Penguin Books Ltd, 80 Strand, London, WC2R 0RL, England
Penguin Ireland, 25 St Stephen's Green,
Dublin 2, Ireland (a division of Penguin Books Ltd)
Penguin Group (Australia), 250 Camberwell Road, Camberwell,
Victoria 3124, Australia (a division of Pearson Australia Group Pty Ltd)
Penguin Books India Pvt Ltd, 11, Community Centre,
Panchsheel Park, New Delhi – 110 017, India
Penguin Books (South Africa) (Pty) Ltd, Block D, Rosebank Office Park,
181 Jan Smuts Avenue, Parktown North, Gauteng 2193, South Africa

Penguin Books Ltd, Registered Offices: 80 Strand, London, WC2R 0RL, England

First published by Reed Publishing (NZ) Ltd, 1999
Revised edition published in 2001
This third edition published by Penguin Group (NZ), 2012

Copyright © Margaret Sinclair, Ross Calman, 1999, 2001

The right of Margaret Sinclair and Ross Calman to be identified as the authors
of this work in terms of section 96 of the Copyright Act 1994 is hereby asserted.

Printed and bound in Australia by Griffin Press

All rights reserved. Without limiting the rights under copyright reserved above,
no part of this publication may be reproduced, stored in or introduced into a retrieval
system, or transmitted, in any form or by any means (electronic, mechanical,
photocopying, recording or otherwise), without the prior written permission of
both the copyright owner and the above publisher of this book.

ISBN 978-0-143-56790-5

A catalogue record for this book is available
from the National Library of New Zealand.

www.penguin.co.nz

CONTENTS

He kupu whakataki – Preface

Ruia taitea, kia tū ko taikākā anake.

Keep only the heartwood.

Tēnā koutou katoa.

The aim of this dictionary is to provide a clear, concise guide to the Māori language for language learners at the basic and intermediate levels, as well as for those people who are interested in the meanings of Māori words.

This dictionary is a refinement of the *Raupō Concise Māori Dictionary*, with all the words commonly used by Māori speakers retained and with many new words describing new technologies and subjects of topical interest added, including such words as 'ozone layer', 'nuclear-free' and 'rollerblades'.

As Tīmoti Kāretu wrote in his introduction to the *Concise Dictionary*, the Māori language contains no simple equivalent to some English words such as 'be', 'have', 'on', 'off' and so on. This dictionary cannot record all the possible permutations; only those most commonly used are given here. The correct usage depends on the context, something the learner can only acquire through familiarity with the language. Help should be sought in the more advanced Māori dictionaries that are available.

Any dictionary editor is confronted with the question of regional variations. On the one hand, we did not want to bombard the student of Māori with numerous variant forms, but on the other hand, we did not want to prefer the form of one dialect over that of another. For this reason the most common variants are given and treated as separate words, eg, 'ētehi' and 'ētahi', 'pōwhiri' and 'pōhiri', 'whea' and 'hea' all appear.

Some transliterations have been omitted, where words based on original Māori root forms can replace them, for example 'hinu', originally meaning 'oil' or 'fat' is preferred for 'petrol' over 'penehini', a transliteration of 'benzine'. Te Taura Whiri i te Reo Māori/The Māori Language Commission has done a lot of work in this area, coining many new words based on older forms. Many other transliterations, such as 'pukapuka' for 'book' are now accepted as standard Māori and, of course, are included.

Unlike English, where the active form of the verb is preferred, the passive form is favoured by native speakers of Māori. Verbs with both active and passive forms have been included in the Māori-English section. Passive endings vary depending on the dialect – only the most common are included here.

Themed lists of words, such as days of the week, months of the year and so on, are included at the end of the book for convenience.

The Māori language is particularly adaptable when it comes to parts of speech. The same word can serve as verb, noun, adjective and adverb. For this reason parts of speech are only marked to avoid ambiguity of meaning.

We would like to thank the teachers who gave up precious free time to look at our work and give us suggestions, Eric Niania and Tuteira Pohatu of the Auckland Education Advisory Service for their helpful comments, and Heni Jacob for her rigorous checking and invaluable suggestions for this dictionary.

Noho ora mai koutou.

Ross Calman and Margaret Sinclair
October 1998

Pronunciation

The ten consonants in Māori:
  h, k, m, n, p, r, t, w, ng, wh.

The first eight are pronounced as in English; ng is pronounced as the **ng** in **singer**; **wh** as **wh** in **whale**, or as **f**.

The five vowels:
  a, e, i, o, u.

They are pronounced in two ways, short and long. Long vowels are indicated by a macron, eg, **ārai**, in which the first **a** is long.

Short	Long
a as u in but	ā as a in father
e as e in pen	ē as ai in pair
i as i in bit	ī as ee in feet
o as or in fort	ō as or in store
u as u in put	ū as oo in boot

Where one vowel follows another their sounds are run together, e.g., **ai** (ah-ee) is sounded as **i** in **high**.

MĀORI-ENGLISH

ā, a and; of; until; when; of; at; time (future)

ā kōrua your (plural, addressed to two people)

ā koutou your (plural, addressed to three or more people)

ā mātou our (plural, theirs and mine)

ā māua our (plural, his or hers and mine)

ā rātou their (plural, three or more people)

ā rāua their (plural, two people)

ā rohe local

ā tātou our (plural, three or more people)

ā tāua our (plural, yours and mine)

āe yes

aewa unhealthy

aha anything

ahakoa although

ahau I, me

āhea? when? (future time)

āhei able, possible

ahi fire

ahi kā ownership through occupation

ahiahi afternoon, evening

Ahitereiria Australia

aho fishing line, string

ahu care for; heap; move or point in a certain direction

āhua appearance, form, character; quite

āhua mate unhealthy

āhua ngākau mood

āhuaatua rude

ahuahu care for; heap

āhuareka pleasant; pleased

āhuatanga characteristics

ahunga direction

ahurei unique

āhuru comfortable

ahuwhenua crops, agriculture

ai according to; regularly, habitually

ai! oh!

āianei now, soon, today

aihe dolphin

aihikirīmi ice cream

aikiha handkerchief
aikiha pepa tissue
āio calm
aitanga descendants
aituā accident; bad omen;
  misfortune
aka vine
aka wāina grapevine
ākau rocky shore
ake very; own; self; upwards;
  onwards; more
ake, ake, ake for ever and ever
āki smash against
  ākina (pass) be smashed against
akiaki urge
ākiri throw away
  ākiritia (pass) be thrown away
ako advise; learn; teach
  ākona (pass) be learned; be
  taught
ākonga student
akoranga learning; lesson
āku, aku my (plural)
ākuanei soon
Ākuhata August
akutō late
āmai giddy
āmaimai nervous
Amerika America
āmine amen
āmiomio turn round and round;
  be giddy
amiorangi satellite
amo carry; stretcher
  amohia (pass) be carried

amorangi leader; priest
āmua future, time to come
amuamu complain, grumble
amuri ake nei time to come;
  afterwards; later
āna, ana her, his (plural); yes
anā there
ana cave
anahera angel
anake only
ānana! ananā! wow!
anei here is
ānewa weak
ānewanewa giddy
anga seashell; skeleton; framework
angaanga head
anganui to face towards
āngi fragrance
angi freely
aniana onion
ānini headache
āniwaniwa rainbow
ānō as though; as if
anō again; also; exactly; indicates
  admiration; self
anu cold; spit
anuanu disgusting; disgusted
ao cloud; dawn; daytime; world
ao, o te international
ao hurihuri the modern world
ao mārama the world of life and
  light, this world
ao tawhito the world of our
  ancestors
ao tukupū universe

ao tūroa   the light of day; this world

aoake   the next day

Aotearoa   New Zealand

apa   layer; level

Aperira   April

āpiha   officer

āpiti   add; put together

apo   to gather together

apoapo   entangle

āpōpō   tomorrow

āporo   apple

apu   gather greedily; gust

apuapu   gobble

arā   namely, that is to say; over there

ara   path, road, way, awake; to rise

ara maiangi   escalator

arahanga   bridge; ladder

araheke   stairs

ārahi   to guide; to lead

  ārahina (pass)   be led

ārai   fend off, ward off; screen, barricade; apron; curtain

  āraia (pass)   be warded off

Aranga   Easter

ārani   an orange

arapoka   tunnel

ararā!   there!

arata   lettuce

arataki   to guide; to lead

  aratakina (pass)   be guided; be led

arawhata   bridge; ladder

arero   tongue; point of taiaha

arewhana   elephant

ariā   feeling; theory, concept

ariā hirahira   special effects

ariki   paramount chief

aro   to face; be inclined

aroaro   front; presence

aroha   affection, love, sympathy

  arohaina (pass)   be loved

aronga   direction

arotahi   contact lens

āta   carefully, gently, slowly

ata   morning; shadow; reflection

ata hāpara   dawn

ata mārie   good morning

ātaahua   beautiful

atamira   platform, stage

ātārangi   shadow

atarau   moonlight

atarua   bad eyesight

atawhai   friendly, kind to

atawhai kino   unfriendly

ate   liver; seat of affections

ātea   clear; open space in front of whare on marae

ātea tūārangi   outer space

āti   descendant

atu   other; very; more than; less than; onwards; away

atua   god

āu   your, yours (plural)

au   I, me; current (of river or sea)

aua   those (already mentioned); I don't know

aua atu   never mind

aua hoki!   (I've got) no idea!

auahi smoke

auau bark; howl; rate, frequency; regular

auē! oh no!

aukume magnet

autaha to one side

autāne brother-in-law (of a woman)

auwahine sister-in-law (of a man)

awa river, stream; valley

awaawa valley

āwangawanga concern, concerned; undecided; worry, worried

awatea broad daylight

āwhā storm

āwhea? when? (future time)

Awherika Africa

awhi embrace, cuddle; cherish

āwhina help

āwhiowhio whirlpool; whirlwind

E

e by; of course
e hē! no! that's wrong!
e hia? how many?
e hoa Friend (when speaking to someone)
e hoa mā Friends (when speaking to a group of people)
e kō! girl!
e kore e taea impossible
e noho rā farewell (said by those leaving)
e tika! well, well!
e whia? how many?
ea be avenged; be paid for
ehara absolutely not
ehara! sure enough! absolutely!
ehara i te hanga! it is no ordinary thing!

ēhea? which? (plural)
eke to board (a boat); to land; to climb; to mount; to achieve, to reach
ekengia, ekea (pass) to be boarded; to be climbed; to be earned
ēnā those (nearby)
ēnei these
engari but; though
epa to throw at
ērā those (far off)
erangi but
ētahi several; some
ētahi wā sometimes
ētehi several; some
ēwhea? which? (plural)

hā breath; flavour
hae to cut; jealous
  haea (pass) to be cut
haeana iron (for clothes)
haeata beam of light; dawn; laser beam
haehae to cut up; to tear
  haehaea (pass) to be cut up; to be torn
haere go, move, travel; indicates gradual change
haere mai welcome, come here
haere rā farewell (said by those remaining behind)
hāereere stroll, travel about
haerenga a trip, journey
haerenga pokanoa joyride
hāhi church, religion
hai in order to, to; on (future date)
haina sign
hainatanga signature; signing
hāka jar
haka war-like chant with actions
hākari feast; party
hake hockey
hākerekere crowd; hair cut short
haki flag; cheque
hakihaki itch; skin disease

Hakihea December
hākinakina fun; sport
hākirikiri vague
hako ugly; clown
haku complain
hama hammer
hāmama open; shout
hāmamamama yawn
hāmana salmon
hamarara umbrella
hāmeme grumble; mutter
hāmipēka hamburger
Hāmoa Samoa
hamumu speak softly; mutter
Hana Kōkō Santa Claus, Father Christmas
hanawiti sandwich
hanehane decay
hanga build; make
  hangā, hangaia (pass) be built, be made
hāngai across; opposite; relevant
hangarau funny (amusing); joke; technology
hangatītī tease
hāngi earth oven in which food is cooked by hot stones; a feast
Hānuere January

hao enclose; catch fish using a net
haona horn
hāora hour; oxygen
hapa supper; mistake, error
hāpai carry; lift up
 hāpaitia (pass) be carried
hāparangi shout, bawl
hape crooked
hāpiapia sticky
hapū sub tribe; pregnant
hara to miss; offence; sin; crime; foul (sport)
harakeke flax
harakore innocent (not guilty)
haramai welcome, come
hararei holiday
Haratua May
hārau graze
harawene envy, jealousy
hari happy, joy; to transport, to carry, to take
 haria (pass) to be carried; to be taken
hari koa glad, pleased, overjoyed
harirū shake hands
harore mushroom
haruru thud, roar
hātakēhi hard-case
Hātarei Saturday
hāte shirt
hātea faded
hātepe cut off
hau wind; air; breath; vitality; to strike
hau ārai ozone layer

hau kāinga home
hauā crippled, lame
hauāuru west; west wind
hauhake dig up, harvest; take up
 hauhakea (pass) be dug up
hāunga except for
haunga stink, bad smell
hauora health, fitness; fit, healthy; fresh air
haupaoro golf
haupapa an ambush
haupū heap
haurangi furious; mad; drunk
hauraro north; north wind
haurua half
hauwhā quarter
hāwhe half
hē wrong; error
he a, an, some
he aha? what?
he aha ai? why?
heahea silly
hei in order to, to; on (future date); hay
hei aha never mind
hei aha? what for?
hei konā goodbye (on telephone)
hei konei rā goodbye (said by those leaving)
hei tā… according to…
heihei chicken; noise
heitiki greenstone pendant
heke decrease; descend; migrate; rafter
hekenga migration

hekerangi parachute
hekeretari secretary
heketā hectare
hēki egg
hēki Aranga Easter egg
hemo died; disappear; to be faint; gone away
hēneti cent
hēnimita centimetre
heoi however; and so
heoi anō there is no more, that will do; however
heoti however; and so
hepapa zebra
hēpara shepherd
Hepetema September
hēra sail
hēramana sailor
here string; tie up; leash
herehere prisoner; captivity
Here-turi-kōkā August
heru comb
hetiheti hedgehog
heu pull apart; razor; to shave
hī to fish; raise up
  hīa (pass) caught (fish); raised up
hiahia desire, want, wish, need
hiainu thirst, thirsty
hiakai hunger, hungry; appetite
hiako skin; bark (of tree)
hiamoe sleepy
hīanga naughty
hihi stitch bird; sun's rays
hihi kōkiri X-ray
hihiani radar

hihiko active; quick
hihiri industrious; long for
hika daughter, girl; kindle fire by friction
hika! goodness me!
hikahika rub
hīkaikai wiggle
hiki lift, raise
  hikitia (pass) be raised, be lifted
hikihiki to nurse
hiko to shine; electric, electricity; flash of lightning
hīkoi walk; march
hiku end, rear; tail of a fish or reptile
hīmene hymn
himu hip
hina grey hair
hīnaki eel-pot
hinapōuri sadness
hine daughter; girl
hinengaro the mind
hinga fall; lose; die; to lean
hingareti singlet
hinu oil; fat; petrol
hīoi pepa peppermint
hiore tail (of four-legged animal)
hipi sheep; ship
hipohipo hippopotamus
hīpoki to cover; covering
  hipokina (pass) be covered
hira great; numerous
hirahira special, prized
hīrangi heatwave
hīrawhe giraffe

hīrere   to rush; waterfall; shower
hiripa   slipper
hiriwa   silver
hītako   yawn
hītekiteki   tiptoe
hīti   sheet
hītimi   marble; marbles
hītoki, hītoko   hop
hītori   history
hiwa   watchful
hiwi   line of descent; ridge
hoa   friend; partner; husband; wife
hoari   sword
hoariri   enemy; opponent
hoatu   give (away from speaker)
hoe   oar; paddle; to row; to paddle
  hoea (pass) to be rowed
hōhā   boring; difficult, nuisance; fed up
hōhipera   hospital
hōhonu   deep
hohoro   quick
hohou rongo   make peace
hoi   deaf
hōia   soldier
hōiho   horse
hoiho   yellow-eyed penguin
hoihoi   noise; noisy
hoihoi!   be quiet!
hoki   also; and; to return; used to express emphasis
hoko   buy; sell; sale
  hokona (pass)   be bought; be sold
hoko ki tai   export
hoko ki uta   import

hokohoko hanumi   jumble sale
hokohoko karāti   garage sale
hokomaha   supermarket
hokowhitu   band of warriors
homai   give (to the speaker)
hongere   channel (TV)
hongi   press nose in greeting; to sniff
Hōngongoi   July
hono   assembly; join
honohono   continual
hononga   network; union; link; relationship
hōnore   honour
honu   turtle
honu whenua   tortoise
hōpa   sofa
hōpane   saucepan
hōpara   belly; sightseeing
hope   waist
hopi   soap
hopi makawe   shampoo
hopohopo   panic
hopu   catch; to record (sound)
  hopukia (pass)   be caught
hopu ataata   video recorder
hōpua   pond; pool of liquid
hopuoro   microphone
hopureo   tape deck
hora   display; scatter; spread out
  horahia (pass)   be spread out; be displayed
hore   bare, bald; not
hore rawa   not at all
hōrite   equalizer (football)

hōro hall

horo landslide; to fall in battle (of pā); to swallow; to flee

horoa (pass) be fallen upon

horohoro remove tapu

horoi wash; clean

horoia (pass) be washed

horomi to swallow

horomia (pass) be swallowed

hororē vacuum cleaner

horowhenua avalanche, landslide

hōtēra hotel

hōtoke cold; winter

hotu long for; sigh; sob

hōu, hou new, modern; fresh

houhou unpleasant

hū shoe; eruption; hiss; quiet

hua egg; fruit; product; plentiful; profit; benefit

hua hīmoemoe grapefruit

hua whenua vegetables

huahua sketch, draw

huaki attack; to open; uncover

huakina (pass) be attacked; be opened; be uncovered

huamata salad

huānga relative

huanga advantage, benefit

huangō asthma; short breath

huarahi road, highway; way

huarite rhyme

huata spear

huatau polite

huhu a larva; type of beetle

huhua numerous

hūhunu barbecue; grumbling

hui meeting, gathering, assembly; to meet

Hui-tanguru February

huka cold; foam; frost; snow; sugar; icing (on cake)

hukahuka foam

hukapapa frost; ice

hukarere snow

hūmārie peaceful, beautiful

hūmārire peaceful, beautiful

huna to hide; to be hidden, to be concealed; destroy

huna kanohi a mask

hunahuna concealed

hunaonga daughter-in-law; son-in-law

hunarei father-in-law; mother-in-law

hunarere father-in-law; mother-in-law

Hune June

hunga group of people

hunga kore mahi the unemployed

hunga pāpāho the media

hungarei father-in-law; mother-in-law

hungawai father-in-law; mother-in-law

hunōnga daughter-in-law; son-in-law

hupa soup

hūpana fly back; fly up

hūpeke bend arms or legs; jump

hura kōhatu   unveiling
Hūrae   July
huri   turn, turn round; change
  hurihia (pass)   be turned; be
  changed; be ground
huri noa   right around
hurihau   windmill
hurihuri   tumble-drier; ponder,
  think about
hurikaikamo   eyelash
huripara   wheelbarrow

huritau   birthday; anniversary
hūrokuroku   jogging
huru   glow; hair; feather
huruhuru   bristles; coarse hair;
  feathers
huti   hoist up
  hūtia (pass)   be hoisted up
hūtu   suit (of clothes)
hutupōro   football
hūwai   cockle

i indicates the past tense; along; at; by; from; in comparison with; on; in

i te mea because

ia current; each, every; he; she; her; him; it;

iāri yard

ihi power, essential force

ihiihi terrified; excited; fear

iho essence; downwards; lock of hair

ihu bow of canoe; nose

ihu oneone good worker

ika fish; victim

ika a Whiro veteran

ikarangi galaxy

inā has the effect of emphasising

ina for; since; when

inahea? when? (of the past)

ināia tonu nei right now

ināianei now, today

ināianei tonu right now

inaki waka traffic jam

inakuanei just now

inakuarā recently

inamata formerly; immediately

inanahi yesterday

īnanga whitebait

inapō last night

inatahirā the day before yesterday

inawhea? when? (of the past)

ine taumaha weigh

Ingarangi England

ingoa name; title

ingoa kārangaranga nickname

ingoa tāpiri nickname

ingoa whānau surname

inihua insurance

īnoi beg; pray; request; prayer

īnoia (pass) be prayed for; be requested

inu drink

inuinu sip

ipu calabash with narrow mouth; vase; vessel, container

ipurangi toadstool; internet

ira freckle; mole

ira! over there!

ira atua of supernatural beings

ira rukeruke radioactive

ira tangata human life

iraira freckle

irāmutu nephew; niece

iri to be hanging; rest upon

iriiri baptise

iroiro vermin

iroriki germ
ita held firm
iti small; minimum
itiiti tiny

iwa nine
iwi bone; nation; tribe; people
iwi whānui the public

kā to be alight, burning
kāngia (pass) be lit, be burnt
ka introduces a new action; when, as soon as
ka pai! good!
kaha strength; strong; ability
kahaki kidnap; hijack
kahakina (pass) be hijacked; be kidnapped
kaharoa large drag net
kāhore no; not
kāhu harrier; hawk; chief
kahu garment, costume, cloak
kahu kiwi cloak made from kiwi feathers
kahu moe pyjamas
kahu tangatanga dressing gown
kāhui group; cluster; flock
kāhui ariki those of the highest rank
kahurangi treasure, precious item; blue
kai eat; food; meal
kainga (pass) be eaten
kai inati overdose
kai paipa smoke cigarettes
kai roro quiz
kaiahuwhenua farmer

kaiaka-mīhini mechanic
kaiako teacher
kaiamo mēra postie
kaiārahi leader, guide
kaiauru vandal
kaihanga creator; builder
kaihautū leader
kaihe donkey
kaihī fisherman
kaiiwi strangers, foreigners
kaikā eager, impatient
kaikaha keen
kaikamo eye
kaikanikani dancer
kaikōhuru murderer
kaikōrero speaker
kaikuti makawe hairdresser
kaimahi worker, employee
kaimanga vegetarian
kaimātai whatu optician
kaimoana seafood
kāinga village; home; house; address
kaingākau to treasure; to value
kaioma runner
kaiotaota vegetarian
kaipakihi business
kaipara athlete; athletics

kaipatu ahi firefighter
kaipōkai tūārangi astronaut
kaiponu selfish; greedy
kaipuke ship
kaipūtaiao scientist
kairapu hara detective
kaireperepe relation by marriage
kairīpoata journalist
kairuku diver
kaitā giant, huge, large
kaitaka fine cloak with ornamental border; whipping-top
kaitapere actor, actress
kaitaraiwa pahi bus driver
kaitiaki guardian; trustee; caretaker; babysitter
kaitiakitanga guardianship
kaitiora pirate
kaitirotiro inspector
kaitoa! serves you right!
kaitohutohu coach (sports)
kaituhi writer
kaituku mahi employer
kaituku miraka milkman
kaiurungi pilot
kaiwaiata singer
kaiwawao referee, umpire
kaiwhaiwhai fan (music, sport)
kaiwhakaahua photographer
kaiwhakaatu fashion model
kaiwhakahaere director, manager; leader
kaiwhakataetae athlete; competitor
kaiwhakatangitangi musician
kaiwhakatuma terrorist

kaiwhakawā a judge
kaka hair; fibre; ridge
kaka rēhia tracksuit
kākahu clothes; to dress
kākahuria (pass) be dressed
kākahu ōrite uniform
kākāiti budgie
kakama quick; active; smart, clever
kākano berry; seed
kakapa flutter; throb
kakara flavour; scent, smell, aroma
kākāriki green
kakati sting; bite
kakau a handle
kakawa sweat
kake climb; overcome
kakea (pass) be climbed; be overcome
kakī neck; throat
kama eager
kāmaka a rock
kamakama smart, clever; talkative; joyous
kāmera camera
kāmera ataata video camera
kāmera tere speed camera
kamo eyelash; eyelid; eye; to wink
kamokamo twinkle
kamonga eyelash
kamupene company, business
kāmura carpenter
kanae mullet
kanapa bright
kānapanapa gleaming dark green (as deep water)

kānara candle
kanekane garlic
kānekeneke move about; from place to place
kānewha unripe; underdone
kānga corn
kānga papā popcorn
kānga pirau rotten corn
kānga wai rotten corn
kanga abuse; curse
kangaru kangaroo
kani to saw; a saw
kanikani dance
kano colour; sort, kind; seed
kanohi eye; face; representative
kāo no (in reply to a question)
kao cooked and dried kūmara
kaokao ribs; armpit; side
kāore no; not
kāore anō not yet
kāore e mōhiotia ana unknown
kāore he tangata nobody, no one
kāore i mōhiotia unknown
kāore kau not at all
kapa a row; team
kapahaka Māori performing arts
kapakapa wing; flutter
kāpata cupboard
kāpata kākahu wardrobe
kape eyebrow; to reject
kāpene captain
kāpeti cabbage
kapi covered; occupied
kāpia glue; kauri gum
kapiti gorge; crevice; shut in

kāpō blind, unable to see
kapo snatch; flash; lightning
kapohia (pass) be snatched
kapowai dragon-fly
kapu palm of hand; sole of foot; cup
kapu hēki eggcup
kapua cloud
kāpui to lace (shoes)
kara colour; flag
karaehe class (school); glass
karaihe grass
Karaitiana Christian
karaka orange (colour); clock; o'clock; clerk
karakia incantation; prayer, prayers
karamuimui swarm
karanga call; call out in welcome
karangatia (pass) be called; be welcomed
kārangaranga call frequently
karangatanga relationship; relative; occupation
karapoi around; surround; to be surrounded
karapu club, society
kararehe animal
kararehe kōwao wild animal
karate karate
karāti garage
karauna crown; the Crown, government
karawaka measles
karawhiu whirl around, thrash around; debate; 'give it heaps'

karawhiua (pass)   be thrashed around

kāre   not

kare   dear, darling; stove; ripple

kare-ā-roto   sweetheart

kare-ā-roto, ngā   emotions

karekare   surf, waves

kareparāoa   cauliflower

karēpe   grape

karēpe tauraki   raisin

karere   message

karere hiko   e-mail

karetao   puppet; robot

kāreti   college; carrot

kārewa   buoy; float; surface of water

kāri   card, postcard; garden

kāri moni   cash card

kāri nama   credit card

kari   dig

karia (pass)   be dug

karihi   nuclear

karihi-kau   nuclear-free

kāriki   garlic

karo   fend off, avoid; soon

karohia (pass)   be fended off, be avoided

karoro   seagull

karu   eye

karu whakarahi   microscope

karukaru   glaring; rags; tattered

kata   laugh

kataina (pass)   be laughed at

kātahi   then; expresses appreciation

kātahi anō   now for the first time; only just

katau   right hand, right-hand side

kāti   finish; that's enough

kati   bite; close; shut

katia (pass)   be stung; be bitten

katipō   poisonous spider; wasp

katoa   all; altogether; completely; every; whole; wholly

Katorika   Catholic

kau   alone; only; swim; as soon as; bare; empty; cow

kaua   don't; shouldn't

kauae   beam; chin; jaw

kauaka   do not

kauhau   recite; preach; speech; lecture

kauhoe   swim

kaui   shoelace, cord

kauika   school of fish; pod of whales

kaukau   swim

kaumātua   elder; elders

kaunihera   council

kaupane   head

kaupapa   subject; idea; floor; purpose; theme; project

kaupapa here   policy

kāuta   cooking-shed; kitchen

kaute   account; count; bill

kaute pēke   bank account

kauwae   jaw

kauwhau   recite; preach; lecture; speech

kawa   acid; sour, bitter; protocol

kāwai lineage
kāwana governor
kāwanatanga government
kawe bring; carry, transport; handle
  kawea (pass) be brought; be carried
kawe rongo headphones
kawenga responsibility
kāwhaki take by force
  kāwhakina (pass) be taken by force
kāwhe calf (young cow)
kawhe coffee
kāwhena coffin
**kawititanga o
te ringaringa** wrist
kē already; different; other; differently; rather; strange
kēhi suitcase
kēhua ghost; spirit
kei at; in; in the act of; present state; like; on; with; in case; stern of a canoe
kei hea? where?
kei mua in front
kei muri behind
kei te pai it's okay; I'm fine
kei whea? where?
kēkē armpit
keke cake
kekeno seal (the animal)
kēmihi chemist
kemokemo wink; blink
kēmu game; match

kēna wai watering can
kenepuru silt
keo peak
kerei grey
kerēme claim
kerepe grape
kerepeti pottery
kerepō blind
kererū wood pigeon
keri dig
  keria (pass) be dug
kete basket; kit; handbag
kī to say; full; key
  kīa (pass) be said; be filled
ki to; into; onto; towards; at; with; against; in; according to; if
kia let; be; to; in order that; until
kia ora hello; thank you
kiekie a climbing plant used in weaving
kīhai not (in the past)
kihi barely audible; a murmur; kiss
kihikihi cicada
kīhini kitchen
kikī crowded; tight
kikikiki to stutter
kikimo eyes tightly closed
kiko flesh; body
kikokiko of flesh and blood
kikorangi blue sky; dark blue
kimi look for, seek, search
  kimihia (pass) be looked for; be sought
kimo to wink

kina sea urchin
kīnaki relish (to accompany food); song following a speech
kīngi king
kini pinch
kino bad; evil; to dislike; ugly; harm; injury
kino ake worse
kiore rat; mouse
kiri bark (of tree); skin
kiri kā fever
kiri kau naked
Kirihimete Christmas
kirihou plastic
kirikau leather
kirikiri basket; gravel
kirikiti cricket (sport)
kirimana a contract
kirimate chief mourners
kirīmi cream
kiripaepae receptionist
kiritaki customer
kiritapu single (unmarried)
kiritea fair-skinned
kiritona pimple; mole; wart
kiriwara drug addict
kiriweti unpopular
kirokarāmu kilogram
kiromita kilometre
kita fast; tightly
kite see; discover, find; recognise
  kitea (pass) be seen
kitemea if
kiwa wink
kō wooden digging implement; dig

or plant with a kō; yonder place; a distant time; sing (as birds)
kō atu the further side
kō mai the near side
koa happy, pleased; indeed; please
koakoa stupid
kōanga spring (the season for planting)
koara koala
kōaro upside down
koata quarter
kōauau flute played with nose or mouth
koe you (singular)
koha gift
kōhanga nest
kōhanga reo Māori language pre-school
kōhatu pebble, stone
kohe talk nonsense
kohi collect; gather
  kohia (pass) be collected; be gathered
kohikohinga collection
kōhimuhimu whisper
kōhine girl
kohinga collection
kōhinu petrol
Kohitātea January
kōhoi thin
kōhonihoni nibble
kohu mist; concave; hollow
kōhua to boil; cooking pot
kohukohu hollow
kohuku unfinished

kōhumuhumu whisper; murmur; short hair

kōhungahunga child

kōhuru ill-treat; murder; treachery

koi sharp, spike; headland, in case

koia that's it; that's right; indeed; is that it?; is that right?

koinā that is, those are; like that

koinei this is, these are; like this

koirā that is, those are; like that

kōiti little finger; little toe

kōiwi bone; corpse; self

kōkā mother; aunt

koki angle; corner

kōkiri thrust; advocate, push for

kōkō cut in tattooing

koko scoop; shovel; spoon; corner (of a room, house, etc)

kokoiti teaspoon

kokonga corner

kokopi closed; shut

kokotaha tablespoon

kōkōwai red ochre

kōmā pale

kōmeke comic

komekome chew; grumble

komiti committee

kōmore bracelet

kōmukumuku to scrub

komuri backwards

konā that place; that time

konei this place; this time

koneke rollerblades; skating; sledge; to slide along

kongakonga crumb; fragment

konganuku metal

kongene withered; wrinkled

kōngenge exhausted

kōngutu mouth of river

konihi stealthy

konohete concert

kōnohi grieve; yearn

kōnui thumb; big toe

kōpā numb; stiff; set; cramped, confined

kopa disappear; crippled; sandal; wallet; schoolbag

kōpae circular; computer disk,

kōpaepae pūoru compact disc (CD)

kōpaki to wrap; envelope

kōpani to shut

kōpapa surfboard

kōpara bellbird

kopareti skates

kope nappy

kōpere a dart; a sling; rainbow

kōpiko meander

kōpikopiko wandering; winding

kōporo van

kōpū belly, womb

kōpua deep (water)

korā distant place

kora fragment; spark

koraha open country; desert; mud-flats

kōrakorako fairies

kōrangaranga ache

kōrapa cage

kōrapu flash; shine

kore no; not; nothing; zero
kore mahi unemployed
kōrea wheelchair
kōrengarenga crushed; overflowing
kōrere small channel; gutter; pipe; spout; diarrhoea
kōrero conversation; news; say, speak, talk; story; quotation
kōrerotia, kōrerohia (pass) be said; be spoken of; be talked about
kōrero pūrākau folk-tales, stories, legends
kōrerorero discuss; discussion
koretake useless
kōreti kayak
kōriha gorilla
korikori move; wriggle
korikori tinana exercise
korimako bellbird
koro grandfather; old man
koroahu steam
koroheke old man
korokoro loose; throat
koropungapunga porous; decayed; pumice
koropupū bubble up; to boil
kororā little blue penguin
kōrori stir
korōria glory
koroua grandfather; old man
korowai cloak
korōwha golf
korowhio whistle
koru coiled; shape of fern shoot

kōrua you two; hole, pit
kōruarua hole; pit
korukoru wrinkle
kota cockle-shell; sawdust
kotahi one (not used in counting)
kotahitanga unity
kōtare kingfisher
kotere swelling
koti coat
kotikara finger; fingernail; toe; toenail
kotikoti cut to pieces; divide lands; striped
kotinga division; boundary line
kōtingotingo speckled
kōtiri meteor
kōtiritiri meteor
kōtiro girl
kotiti be displaced; move aside
kōtītiti wander about
kotiuru headache
kōtui zip
kōtuitui network
kōtuku white heron
kōura crayfish
koura gold
koutou you (plural, three or more people)
kōwaha yawn
kowata transparent
kōwhai yellow
kōwhaki tear off
kōwhakiwhaki flash frequently
kōwhatu stone
kowhera flash; open; yawn

kōwhiri pick, choose
kōwhiuwhiu fan
kua has; had; will have; has become; had become; will have become
kūaha door, entrance
kūao young of animals
kūare ignorant
kuau beard
kūhā thigh
kuha gasp; ragged
kuhu enter; put on clothes
 kuhua, kuhungia (pass) be entered; be put on (clothes)
kuhukuhu pig
kui madam
kuia old woman; grandmother
kuihi goose
kuini queen
kuki cook
kūkū pigeon
kuku draw together; nip; nightmare; mussel
 kukua, kūngia (pass) be drawn together; be nipped
kukume pull; persuade
kukune grow; plump
kūmara sweet potato
kume drag; pull
 kumea (pass) be dragged; be pulled
kume-ā-papa gravity (force of)
kūmera sweet potato
kumete wooden bowl or trough
kumikumi beard

kumu buttocks
kūpangopango dark in colour
kūpapa side with the government; traitor
kupenga net
kupu word
kupu matua headline
kura chief; red; red feathers; red ochre; school; treasure
kura kaupapa Māori Māori language school
kura kōhungahunga kindergarten
kura rata medical school
kura tuarua high school
kūrae headland
kūraruraru perplexed
kurehe fold; wrinkle
kurī dog
kurī ārahi guide dog
kurī tautiaki guard dog
kuru strike with the fist; weary
kurupae beam
kūtai mussel
kuti draw together; nip; close hand or mouth; nightmare
 kūtia (pass) be drawn together; be closed
kutikuti open and shut; scissors; cut with scissors
kutu nits
kutukutu ahi nonsense
kūwaha door; entrance; mouth
kūware ignorant
kūwhewhewhewhe wrinkled

mā and others; and (used in connecting numbers); through; by way of; clean; for; white

mā te wā sometime, whenever

Maehe March

māeke cold

māeneene smooth; soft

maha many

māhaki calm; quiet

mahaki sick; sick person

mahana warm; temperature

māhanga twins; trap

mahara thought; think about; remember; memory; be anxious

māharahara think frequently of; anxious; worry; suppose

māhau for you

mahau porch; verandah

māhē sinker

maheni magazine

mahi act, deed; make; work, business, job; activity

mahi ā whare housework

mahi kāinga homework

mahihore peeled off

māhina moon

mahinga kai cultivation

māhita teacher

māhū gentle

mahu healed

mahue gone by; left behind; deserted; lost; passed on

mahuetia (pass) be passed by; be left behind; be deserted

māhuna head

māhunga hair; head

Mahuru September

mai towards the speaker

mai rā anō from long ago

māia bold, daring; brave

maihao finger; toe

maihi bargeboards of meeting house

maikuku claw; fingernail, toenail

maimai aroha token of affection

maioha greet affectionately; welcome

māipi wooden weapon

mākā wild; shy

maka mug, cup; throw

makaia (pass) be thrown

makariri cold; frost; winter

makau favourite; lover; husband; wife

makawe hair (of the head only)

mākekehu fair-headed

makere   drop; be lost; fall; alight
makimaki   monkey
makinui   gorilla
mako   shark; shark-tooth
mākona   satisfied, full
mākū   wet
māku   for me, I will
mākūkū   moist; damp; dew
makuku   lazy; pleasant tasting
mākurakura   pink
mākutu   bewitch; magic; spell
mākūware   careless
māmā   mum, mother; simple, easy; light; quick
mamae   pain
mamaha   steam
mamaku   black tree-fern
mamao   distant
mamaoa   steam
māminga   pretend
māna   for him; for her; he will; she will
mana   authority; influence; power; prestige
mana motuhake   self-government; personal freedom
manaaki   look after; treat well
manaakitia (pass)   be looked after; look after
manaia   abstract carved figure
manako   to like
manatu   homesick
manawa   heart; stomach
manawa hē   heart attack
manawanui   brave; patient

manawapā   grudging; reluctant
manawareka   satisfied
Mane   Monday
manene   stranger
manga   branch; creek, stream; green vegetables
māngai   mouth; representative
mangeo   itch
māngere   lazy
mangō   shark
mangu   black
mangungu   crushed; uncooked
mānia   plains
mania   slippery; smooth; to slide
maniheko   nasty
maninirau   circus
mano   thousand; large number
mānu   float; be launched; overflow; be flooded
manu   bird; kite
manuhiri   guest; visitor
mānukanuka   worry; doubt; anxiety; anxious
maoa   cooked; ripe
Māori   indigenous people of Aotearoa/New Zealand
māori   clear; normal, ordinary
Māoritanga   Māori culture
māpere   marble
mapi   map
mapu   flow freely; sigh; sob
māra   farm; garden
māra wāina   vineyard
marae   traditional Māori gathering place

marae ātea   open space in front of meeting house
marakihau   sea monster
mārama   understood; clear; transparent
marama   month; moon
maramara   splinter; chip
maramataka   calendar
maranga   to arise; to get up
marangai   storm; heavy rain
marara   scattered; separated; umbrella
maremare   cough
mārena   marry
 mārenatia (pass)   to be married
mārenatanga   marriage
marere   to drop
mārie   fortunate; peaceful
mārika   carefully; quietly; quite
maringi   spill, be spilt; flow
marino   calm
māripi   knife
mārire   quietly; thoroughly; peaceful
mārō   stiff; hard; single-minded
maro   kilt-like garment
maroke   dry
mārū   gentle, calm
marū   bruised; crushed
maru   power; shelter
mārua   hollow; pit; valley; vacuum
marumaru   shaded
mātā   swamp
matā   flint; blade; lead; bullet; earwig

mata   face; surface; computer screen; eye; edge; headland; fresh; raw; spell (magic)
mata kohore   bleary-eyed
mataaho waka   windscreen
mataara   keep awake, keep alert; to keep watch
mātaitai   seafood
matakahi   wedge
matakana   wary
matakerepō   blind
mātaki   look at
mātakitaki   look at, watch
matakoma   swollen
mataku   afraid; scary
matamata   extremity; headland; summit
mātāmua   eldest; first; main
matangi   wind, breeze
mātao   cold
mātaotao   cool
matapaia   pottery
matapihi   window
matapōrehu   sadness
matatau   competent; expert
mātau   know; understand; we, us (three or more people, excluding the person/people addressed)
matau   hook; right; right-hand
mātauranga   knowledge; education
matawaia   filled with tears
mātāwaka   all tribes
matawhāiti   cautious
mate   danger; dead; death; ill; sickness; in love; suffering;

mate ā moa   extinct
mate manawa   heart attack; heart disease
mate pukupuku   cancer
matekai   hunger; hungry
mātenga   head
matenga   time or circumstance of death
mātengatenga   causing pain
matewai   thirst; thirsty
māti   match
matihao   finger; toe
matihe   sneeze
matikara   finger; toe
matikuku   claw; fingernail; toenail; hoof
matimati   finger; toe
matira   fishing rod
mātotoru   thick
mātotorutanga o te waka   (heavy) traffic
mātou   we, us (three or more people, excluding the person/ people addressed)
mātua   first; important; must
matua (pl mātua)   parent; adult; father
matua kēkē   aunt; uncle
matua tāne   father; uncle
matua wahine   mother; aunt
matua whāngai   foster-parent
māu   for you (singular); you will
mau   wear; bring, carry; caught; fixed, lasting; seize
  mauria (pass)   be brought

mau herehere   hostage; prisoner
mau kakī   necklace
māua   we, us (the speaker and one other)
mauī   left; left-hand
māuiui   tired; sick
maumahara   remember
maumau   waste (of time, effort etc)
maunga   mountain
māunu   bait
maunu   come out; be drawn
maunutanga   migration
mauri   life principle; talisman
mauri moe   unconscious
mautohe   protest
māwhe   faded
māwhero   pink
mawhiti   jump; skip
māwhitiwhiti   grasshopper
me   and; if; with; like; should
mea   thing; do; make; say; think; someone
  meatia, meinga (pass)   be done, be said, be thought
mea kau ake   immediately; very soon
meāke   soon
mehemea   if
Mei   May
meke   fist; to punch
mekepaoro   volleyball
mema   member
Mema Pāremata   MP, Member of Parliament
memeha   weak

mene assemble

menemene to smile; to make a face

meneti minute

mēra mail

mere short flat weapon made of stone or greenstone

merekara miracle

merengi, mereni melon

mētara metal

mīere honey

mīharo admire; wonder at; wonderful

mihi greet; greeting

mihimihi greetings and introductions

mihinare, mihingare missionary; Anglican

mīhini machine, machinery; motor

mīhini hoko vending machine

mīhini hopu karere answerphone

mīhini keri digger

mimi urine; urinate

mimiti dried up; swallowed up

minamina desire, wish for

mine be gathered together

mingomingo kata to smile

minita minister

miraka milk

miri rub; stroke; soothe; wipe

mirihau windsurfing

mirimiri massage

mirimita millimetre

mirionea millionaire

miririta millilitre

mirumiru bubbles

mita metre; rhythm

mītara measles

mīti meat

mīti hipi mutton

mīti kau beef

mitimiti to lick

mō concerning; for; indicates future time

moana ocean; sea; lake

moata early; early morning

moe marry; sleep; nap

moemoeā dream

moenga bed; mattress; marriage

moepapa nightmare

mōhio know; recognise; understand; intelligent, wise

mōhiotia (pass) be known; be recognised; be understood

mōhiotanga knowledge

mōhiti glasses (eye)

moho stupid

mohoa to the present time

mōhū selfish

mōkai pet; prisoner; slave; youngest child in family

mokamokai dried human head

moke solitary; solitary person

mokemoke lonely

mōkī, mōkihi tie in a bundle; raft made of flax stalks; package

moko lizard; monster; tattoo

moko ngārara crocodile

mokomoko   head; lizard
mokopuna   grandchild;
  descendant; children
mokotuauri   dinosaur
mokoweri   dinosaur
mōku   for me
momi   suck
momo   a breed; a type
momoe   keeping the eyes shut
mōmona   appetising; rich (of food);
  fat; fertile
momori   bare; smooth
mōna   for him or her
monamona   knuckle; joint
mongamonga   crushed
moni   cash; coin; money
moni whiwhi   income
more   bare; plain, not decorated;
  toothless
mōrearea   dangerous
mōrehu   survivor
moremore   bald
morihana   goldfish
mōrunga   lifted up
mōteatea   lament; traditional song
mōtēra   motel
moto   strike with fist
  motokia (pass)   be struck with fist
motokā   car
motū   steak
motu   cut; island; severed
  motuhia (pass)   be cut
motuhake   independent; special,
  different; separated
motuhuka   iceberg

motukā   car
motunga   quota
motupaika   motorbike
moturere   broken or cut off
mōu   for you
mōua   back of neck
moumou   waste
moutere   island
mōwhiti   glasses (eye); hoop, ring
mōwhiti rā   sunglasses
mua   before; front; the past
muanga   eldest child
muheni   insult
mui   to swarm
muka   flax fibre
mukākā   irritate, annoy
muku   wipe, rub; rubber
  (stationery)
muna   darling; secret, mystery;
  hide
mura   flame
muramura   flash; bright-coloured
muri   after; afterwards; rear; the
  future
muringa   afterwards; youngest
  child
muritai   sea breeze
muriwai   backwater; lagoon
muru   forgive; plunder; rub; wipe
  murua (pass)   be forgiven
mutu   ended; finished
mutunga   concluding; end; finish
mutunga rawa   maximum

nā   and then; belonging to; by; by way of; near you; through
nā konā   because of that
nā konei   because of this
nā reira   therefore
naenae   mosquito
naeroa   mosquito
nāianei   now
naihi   knife
naka   near you
nākahi   snake
nāku   I (past tense); mine
nama   number; owe; bill, invoice
namata   ancient times
namu   sandfly
nāna   he or she (past tense), his or her (singular)
nanā!   look!
nana   eyebrow
nanahi   yesterday
nanakia   reckless; treacherous; crafty, naughty
nanekoti   goat
nanenane   goat
nao   feel; to handle
napō   last night
nati   nut; pinch
natinati   pinched; stifled

natu   scratch
nāu   you (past tense); yours (singular)
nau mai!   welcome!
nāwai   after a while; eventually; for a while
nawe   scar
nē?   really?; isn't it?; shall I/we?
neha   doze
nehenehe   forest
neherā   ancient times
nehu   bury
nehua (pass)   be buried
nei   indicates nearness to speaker
neke   move
nekeneke   move gradually; move along
nenewha   shut the eyes
nēra   nail
niao   edge; rim; top plank of canoe
niho   tooth
niho tunga   toothache
Niu Tīreni   New Zealand
niwha   brave; rage; barb
nō   belonging to; from; when; in; because of
nō konā   therefore
nō konei   therefore

nō reira therefore
nō te mea because
nō whea? from where?
noa free from tapu; at all; ordinary; already; completely; just, merely
Noema November
nohinohi small
noho live; sit; stay
  nohoia (pass) be sat upon, be inhabited
noho puni camping
nohoanga home
nohopuku silent; to diet
noke worm
noko stern of canoe
nōku I (in the past); mine
nōnahea? when? (used of the past)
nōnāianei now; today

nōnanahi yesterday
nōnapō last night
nōnawhea? when? (used of the past)
nonohi small (plural)
nonoke judo
noti contract; pinch
nōu yours
nui great; large, big; many; quantity; widely; publicly
nui te utu expensive
nuinga majority; gathering
nuke crooked
nuku distance; move along; extend
nukunuku remove
nunui large (plural)
nunumi disappear
nūpepa newspaper

NG

ngā the (plural); breathe
ngaengae heel
ngahau amusing, enjoyable
ngahere, ngāherehere bush; forest
ngāhoahoa headache
ngahoro to fall; and more
ngahuru autumn (harvest time); ten
ngāi prefix meaning tribe or clan, e.g., Ngāi Tahu
ngākau feelings; heart
ngākaukore disinclined
ngākaunui eager, keen
ngākaurua uncertain, in two minds
ngaki avenge; to plant; to weed
ngakinga a garden
ngako fat (as on meat)
ngana be strong; persist; rage
ngāngā breathe heavily; make a noise; screech
nganga stone of fruit; hail; shell; husk
ngangare quarrel
ngaoko move slightly
ngārara monster; reptile
ngārara arikata alligator

ngare blood relations; family; send; urge
ngari annoyance
ngaro destroyed; disappeared; invisible; extinct; forgotten; hidden; lost; blowfly, fly
ngaru wave
ngaruiti microwave
ngata slug; snail; speck; satisfied
ngātahi together
ngāti prefix denoting tribe or clan, e.g., Ngāti Porou
ngau affect; bite; hurt; wander
ngāueue shake
ngāwari easy; kind; soft; easy-going
ngāwhā boiling spring
ngē noise
ngehengehe soft; weak
ngenge tired, weary
ngenge rererangi jet lag
ngeri chant with actions
ngeru cat
ngira needle
ngoengoe scream
ngohengohe soft; pliable; easy
ngoi energy; strength
ngoikore weak

ngoio   asthma
ngōki   to creep, crawl
ngongo   tube
ngongohā   snorkel
ngongore   blunt
ngongoro   exclaim; snore
ngore   flexible
ngota   fragment; particle; atom
ngotangota   smashed to powder
ngū   squid; silent, speechless
ngungu   turn aside

ngunguru   murmur; rumble; sigh; suppressed groan
nguru   nose-flute
ngutu   beak; lip; river-mouth
ngutu hore   wasteful
ngutu huia   talkative person
ngutu momoho   abusive; talkative
ngutu pārera   pistol
ngutu tere   untrustworthy
ngutuawa   river-mouth

ō, o   of; your (plural); from; the place of
ō kōrua   your (plural, two people)
ō koutou   your (plural, three or more people)
ō mātou   our (plural, theirs and mine)
ō māua   our (plural, his or hers and mine)
ō rātou   their (plural, three or more people)
ō rāua   their (plural, two people)
ō tātou   our (plural)
ō tāua   yours and mine (plural)
oha   dying speech; keepsake; greet
ōhākī   dying speech
ohaoha   abundant; generosity; generous
oho   to jump with surprise; to wake
ohooho   panic; cherished; requiring care
ohorere   start suddenly
ohotata   emergency
ohu   group of volunteers; workers
ohu rapa   search party
ōi   muttonbird
oi   shake, shudder
oinga   childhood, youth

oioi   shake gently
oka   dagger; prick; stab; yam
okaoka   stab
oke   invalid; wriggle
okeoke   toss about
Oketopa   October
okioki   to pause; rest
okooko   to nurse
ōku   my (plural)
oma   run; escape
oma taumano   marathon
omanga   refuge
ōna   his, her (plural)
onamata   of ancient times
one   beach; sand; mud
oneone   earth, soil
onepū   sand
oneuku   clay
ono   six
ope   group of people travelling together
ora   alive; survive; well, healthy; unhurt, safe
oranga   life; livelihood; welfare
ori hīteki   ballet
oriori   lullaby
ōrite   equal; identical
oro   sharpen; grind

orotahi note (music)
ota uncooked; unripe
otaota junk, litter, rubbish;
  vegetation; weeds; vegetables

oti completed, finished
otirā but; but at the same time
ōu your (plural, addressed to one
  person)

pā   touch; strike; affect; obstruct; fort; village; hit
  pākia, pāngia (pass)   be struck; be touched
pā hirahira   castle
pā tāwhanawhana   bouncy castle
pae   lie across, rest; pie; shelf; gums; horizon; ridgeline; region
pae patopato   typewriter
pae tere   speed limit
paekura   lost property
paenga   shipwreck
Paengawhāwhā   April
paepae   bar; beam; bench, especially at the front of a meeting house
paeroa   range of hills; wind which blows along the shore
Paeroa-o-Whānui   the Milky Way
pāhau   beard
paheke   fail; slip; to slide
pāhekeheke   slippery; uncertain
pahemo   pass by; pass on
pāhi   boss; purse; backpack, handbag, schoolbag; suitcase
pahī   adventure
pahi   bus
pahi iti   minibus

pāhihi   passenger
pāhiketepōro   basketball
pahū   burglar alarm; bomb; burst, explode; wooden gong
pahū ahi   fireworks
pahure   escape; pass by; be carried out successfully
pai   good, okay; to like; pleasant; suitable; satisfactory; be willing
  paingia (pass)   be approved; be liked
pai ake   better
pai atu   better
paiaka   root of tree
paiheneti   percent
paihikara   bicycle
paihikara maunga   mountain bike
pāina, pāinaina   to dry; warm oneself; sunbathe
painga   benefit
paipa   pipe; cigarette
Paipera Tapu   Holy Bible
paitini   poison
pāka   a park; a box
pakakau   xylophone
pakanga   battle; war
Pakanga Tuarua   World War Two

Pakanga Tuatahi   World War
   One
pakapaka   heatwave; baked hard
pakaru   break; broken; shattered;
   split
pākatio   freezer
pākau   kite; wing
pākaurua   stingray
pake   obstinate
Pākehā   New Zealander of
   European descent; Western;
   foreign; foreigner (usually applied
   to white person)
pākehokeho   slippery
pakeke   adult; difficult, hard;
   oldest person; stiff
paketai   driftwood; anything cast
   up by the sea
pākete   bucket
pākī   hamburger
paki   clap; fine weather, sunny;
   buggy; slap
pakiaka   root
pākihi   desert; barren land
pakihi   business
pakihiwi   shoulder
pakipaki   clap, applause; famous;
   stories
pakitara   gossip; wall of house
pakituri   hitchhiker
pakiwaitara   legend; tale; scandal
pakiwaituhi   cartoon
pakō   blistered; make a loud sound
pakū   make sharp or sudden
   sound; resound

paku, **pakupaku**   dried; small
pāmamao   distant
pāmu   farm
pana   drive away, expel; a switch
   panā, **panaina, panaia** (pass)   be
   driven away, be expelled
panana   banana
panatahi   odd number
pane   head
pane kuini   postage stamp
paneke   goal (in sport); to score; to
   advance
panekeke   pancake
panekoti   skirt; petticoat
pānga tuhituhi   stationery
panga   lay; throw; place; pass;
   puzzle; riddle
   pangā, **pangaina** (pass)   be
   thrown; be passed
pāngarau   mathematics
pango   black
pani   to block up; bereaved person;
   orphan; to paint; to spread, to smear
pani ngutu   lipstick
paniaku   toothpaste
panikakā   mustard
pānui   advertise, advertisement;
   newsletter; to read; a notice, a
   message
   pānuitia (pass)   be advertised
pānuitanga   announcement
panuku   sledge
pao   break; sing; a type of song;
   strike, pound
paoa   smoke (from a fire)

paoka   fork; pierce; stab
paoro   echo; ball
pāpā   dad, father
papā   burst, explode
papa   floor; ground; shell; earth; any flat surface
papa angaanga   skull
papa kāinga   ancestral settlement
papa kararehe   zoo
papa pānui   noticeboard
papa tuhituhi   blackboard, whiteboard
pāpāho   broadcast
pāpāho maha   multimedia
papai   good (plural), very good
pāpaka   crab
pāpaki   smack
pāpaku   shallow
papakupu   dictionary
papanga   layer
pāpango   dark in colour
pāpapa   husk, shell
pāpapa kōpure   ladybird
pāparakāuta   pub
papareti   skateboard
pāpāringa   cheek
pāpāroa   scarce
papatahi   flat
papatākaro   playing field, playground
pāpātanga   rate, speed
papataunga   runway
papi   puppy
pāpura   purple
parā   rotten

para   blood relation; pollen; sediment; waste material
pārae   a park; paddock
parahanga   litter (rubbish)
parai   fry; frying pan
paraihe   award, prize; brush
paraihe niho   toothbrush
paraikete   blanket
Paraire   Friday
parakipere   blackberry
parakuihi   breakfast
paramanawa   snack
paramu   plum
parani   daisy
parāoa   sperm whale; bread; flour
parāoa paitu kanekane   gingerbread
parāoa parai   fried bread
parāoa rimurapa   pasta
parāoa roa   weapon made of rib of whale
paraone   brown
parapara   filth; talents
pararau   slave
parareka   potato
parau   false; lie
pare   head ornament; top-knot; bodice; carved lintel of doorway
pare tīkākā   sunscreen
parehe   pizza
pārekareka   enjoyable; pleasant
parekura   disaster; battle
pāremata   parliament
paremo   drowned
parenga   riverbank

pārera   grey duck
parerori   cramp
paretai   river bank
pari   cliff; flowing of the tide
parirau   wing
paritū   steep
pārongo   hearing aid
parori   sprained; crooked
pāroro   cloudy; storm
paru   dirt; dirty; excrement; mud
pārunga   upstairs
paruparu   mud, dirt; dirty,
  discoloured; mess
pata   drop of water; butter
pata kai   cereal
patahinu   margarine
patahua   muesli
pātai   ask; question
  pātaia (pass)   be asked; be
  questioned
pātaka   elevated storehouse; pantry
pātangatanga   starfish
patapata   drip; drop
patapatai   question frequently
pātari   amuse; entice; provoke
pātene   button
pātere   chant
pātiki   flounder; paddock
pātiki rori   sole
patiko   hastily
patipati   flatter, sweet-talk
pātītī   grass
pātōtō   beat; knock
patu   beat; hit; kill; weapon; racket,
  bat (for sports)

patua (pass)   be beaten; be hit; be
  killed
patu parāoa   short flat whalebone
  weapon
patupaiarehe   fairy, elf, pixie
pau   consumed; exhausted
paukena   pumpkin
paunga rāwhitu   weekend
paura   powder
pāwera   afraid
pāwhero   red-haired
pea   perhaps, maybe; pear; bear
pea hurumā   polar bear
peara   pearl
peha   boast; skin
pēhea?   how?; in what way?
pēhi   press; oppress; repress
  pēhia (pass)   be pressed; be
  oppressed; be repressed
peihana   basin
peita   paint
peka   branch; cheek
pēkana   bacon
pekapeka   bat (animal)
pēke   bag; schoolbag; bank; sack
peke   jump; limb; shoulder
pekerangi   ozone layer
pēnā   like that
pene   pen
pene pura   ballpoint pen
pene rākau   pencil
pēnei   like this
pepa   paper; print-out; pepper
pepa whēru   toilet paper
pēpe   baby

pepe   flutter; butterfly
pepeha   proverb; quotation; witty saying
pepeke   frog
pēpepe   butterfly; moth
pēpi   baby
Pepuere   February
pērā   like that
pere   bell
pere rua   yacht
perehi   press; print
perehina   bristle
pereki   brick
pereti   plate
peruperu   eyebrows
peti   heap up
pewa   bow-shaped; eyebrow; raise the eyebrows
pēwhea?   how?; in what way?
pī   bee; pea
pī rorohū   bumblebee
pia   beer
pia kano   crayon
piako   empty; hollow
piana   piano
pīata, pīataata   bright; clear; shine; shiny
piau   axe; iron
pīauau   knife
piha   gills
pihareinga   cricket (insect)
pihi   waterproof
pihikete   biscuit
pīhopa   bishop
pīkaokao   chicken

pīkau   carry on back; take responsibility for
pīkaunga   mountaineering
piki   climb
piki toka   rock climbing
pikiniki   picnic
pikitanga   ascent of hill
pikitia   movie, film
piko   bend; bent; corner; curve; curved
pikopiko   winding about
pīnati   peanut
pīnati pata   peanut butter
pine   close together; pin
pinepine   little
pīngao   seaside plant used in weaving
pīnohi   tongs
pīnono   beg
pīoi, pīoioi   seesaw
pīpī   chick
Pipiri   June (the first month of the Māori year)
pipiri   cling together; winter
pīpīwharauroa   shining cuckoo
pīrangi   desire; to desire; want
  pīrangitia (pass)   be wanted, be desired
pirau   decay; rotten
pire   bill; pill
piri   cling; keep close; to hide; waterproof; watertight
pirihi   priest
pirihimana   police, police officer
pirikoko   mystery

pirimia prime minister
piriniha prince; princess
piro bad-smelling; stinking
pītakataka gymnastics
pītiti peach
pito end; bellybutton
piu skipping; throw; step; jump
piupiu flax skirt
pīwaiwaka, pīwakawaka fantail
pō night; darkness; place of the
  dead
pō mārie goodnight
pō whakangahau night-time
  party
poaka pig; pork
poaka kini guinea pig
pōangaanga skull
poari board
pōhā youngest child; food
  container; pastry
pōhara poor
pōhatu stone, pebble
pōhauhau confused
pohe blind
pōhēhē mistaken; perplexed;
  unsuspecting
pohepohe distracted, inattentive
pohewa imagine
pōhiri welcome; to wave
poho chest; stomach; breast
poi ball; light ball attached to flax
  string; lock of hair
poihau balloon
poikiri soccer
poikōpiko table tennis

poka hole; force one's way; to cut
  out, to tear out
poka noa randomly
poka tata short-cut
pōkai flock, swarm; roll up, wind
  up, wrap around
pōkaikaha confused, in doubt
pokake presumptuous
pokanga operation (surgical)
pōkarekare to be agitated (of
  liquid)
pōkē dark; dirty; gloomy
poke pollute
poke parāoa to make bread
pōkēao dark cloud
pokenga pollution
pokerehū unintentionally
pokerenoa reckless
pokohiwi shoulder
pokorua pit; ant
pōma bomb
pona cord; knot, tie in knot; ankle;
  knuckle
pōnga nightfall
pongāihu nostril
pongaponga nostril
poniponi pony; small
pono true; faithful; truth; honest,
  reliable (of a person)
pononga servant; prisoner; slave
pōpō pat with the hand; soothe
popō crowd
popo decay; rotten
popoki cover; cover over; knee-
  cap; lid; spread over

pora   large sea-going canoe; foreign; stranger

poraka   frog; jumper, sweatshirt

poraka taratara   toad

pōrangi   crazy; idiot

pōrearea   nuisance

pōrera   mat

poro   a slice; broken off

pōrohe   messy, untidy

porohita, porowhita   ring (circle)

porohuri   overturn

porokakī   neck

poroporo   bracelet; purple

poroporoaki   farewell speech; say goodbye to; a tribute to someone who has died

pororaru   bewildered

porotiti   disc; rotate

porowhawhe   merry-go-round

porowhita   circle; round

pōrutu   splash

pōtae   hat, cap, hood

pōtae mārō   helmet

pōtaka   spinning top

pōtari   snare

pōtarotaro   lawnmower

pōti   election; vote

poti   boat; cat

poti paku   dinghy

pōtiki   child; youngest child

poto   short

potopoto   short

pōturi   deaf; slow

pou   pole; post; support

pou niho   dentist

pou tātū   main post of house

pōua   grandfather; old person

pouaka   box

pouaka poutāpeta   PO box

pouaka reta   letter box

pouaka whakaata   television

pouaru   widow; widower

pounamu   greenstone; bottle; dark green

poupou   father-in-law; mother-in-law; old people; peg; post (especially inside meeting house); steep

poupoutanga o te rā   midday

pourewa   elevated platform

pōuri   dark; sad, unhappy; sorry

pōuriuri   gloomy; very dark

poururu   a frown

poutāpeta   post office

poutokomanawa   middle post of house

poutoti   stilts

Poutū-te-rangi   March

pouwhenua   pole-like weapon

pōwhiri   welcome; to wave; beckon

pū   blow gently; bunch; exact; flute; tube; gun; heap; origin, source, cause, root, foundation; tribe; precise; wise person

pū hurihuri   pistol

pua   flower; seed

pūaha   mouth of river

puaki   come out, emerge

pūangi   balloon

pūao   dawn

puare   exposed; open; displayed
puāwai   flower; grey hair
puehu   dust
pūhā   green spinach-like vegetable
pūhaehae   envy, jealousy
pūhana   glow
puhi   betrothed; bunch of feathers; much-admired young woman; topknot
puhipuhi   blow or puff frequently; to smoke
pūhoi   slow; blunt
pūhungahunga   rough; unfinished
pūhuruhuru   hairy
puia   hot spring; volcano
pūkaea   large wooden wind instrument
pūkaha   engine
pūkai   to lie in a heap
pūkana   stare with bulging eyes
pukapuka   book; letter; paper; lungs
pukapuka pakiwaituhi   comic book
puke   hill
pūkei   to lie in a heap
pūkēkē   arm; armpit
pūkenga   skilled; knowledgeable; professor; expert
pukepuke   hilly; small hill
pūkohu   mist
puku   abdomen; stomach; swelling; secretly; without speaking
pukumahi   hard-working

pukupā   barren; childless
pukuriri   fury; furious
pukutākaro   full of fun; playful
pūmanawa rorohiko   software
pūmau   constant
puna   spring of water
pune   spoon
punenga kupu   word processor
punga   anchor; joint
pūngao kōmaru   solar power
pungarehu   ashes
pūngāwerewere   spider
pūngene   sleeping bag
puni   camp; company; crowd; dam
punua poti   kitten
puoro   music; sing; rumble
pūoru   music
pupuhi   to blow; to swell; to shoot
  pūhia (pass)   be blown; be shot
pupuri   hold, retain
  pupuritia (pass)   be held, be retained
pura   blind; twinkle
pūrākau   myth, tale
pūrama   light bulb
purapura   seed
pure   ceremony for removing tapu
pūrehu, pūrēhua   moth
purei   play
purepure   spotted; in patches
pūrere   machine, machinery; motor, engine
pūrere horoi   washing machine
pūrere horoi maitai   dishwasher
pūrere whakaahua   photocopier

purini pudding
puritanga a handle
pūrongo a report
purotu handsome
pūru bull
puru cork; plug; cram in
puruhi flea
purūma broom; sweep
pūruru shady (of trees)
puta appear; be born; come out; hole, opening
pūtaiao science
pūtake ancestor; base, cause, reason, root

putanga appearance; exit
putaputa full of holes
pūtātara shell trumpet
pūtea basket; pocket; savings; fund, funding
pūtiki knot; to knot; topknot
putiputi flower
pūtohe saxophone
pūtōrino flute-like instrument
pūtu boot
putu lie in a heap; store
pūwhā green spinach-like vegetable

rā   day; date; sail; sun; then; yonder, over there
rā whānau   birthday
rae   forehead; headland
raha   open; extended
rahi   great; loud; many; welcome
Rāhoroi   Saturday
rāhui   ban, place a ban; reserve
rahurahu   to handle; to interfere with
raihana   licence
raihana taraiwa   driver's licence
raihi   rice
rāina   line
raiona   lion
raka   yonder, over there; agile; lock
rākau   pole; stick; tree; wood; wooden
raki   dried up; north
rakiraki   duck; rake; scrape
raku   scrape; scratch
rakuraku   guitar; rake
rama   lamp, torch, light
rama waka   traffic lights
rānei   either; or; isn't it?
ranga   group of people; raise
rangatahi   young person, young people; fishing net

rangatira   chief; boss; great; noble
rangatiratanga   control; greatness; freedom; kingdom; sovereignty
rangi   heaven; sky; tune; weather; day
rangimārie   peaceful
ranginamu   handsome
rangirua   uncertain
rangitahi   temporary
rangitoto   lava; scoria
rango   blowfly
rangona   (see rongo)
rāoa   choked
raorao   plains
rapa   seek, look for
 rapā, rapaia   (pass) be sought;
raparapa   the ends of the maihi (barge boards of meeting house); to guess
rāpeti   rabbit
rāpihi   rubbish
rapu   to search, look for
 rapua   (pass) be looked for
rapunga   a search
rapurapu   to be in doubt
rarā   roar; make a dull sound
rara   rib; shoal
rarahi   great; big (plural)

raranga plait; weave
rārangi line, queue; row; list
rārangi kai menu (food)
rārangi kupu vocabulary
rārangi tatari waiting list
rārangi tono menu (computer)
rarata quiet; tame (plural)
rare lolly
rarī disturbance; uproar
raro beneath; bottom; north; north wind; under; the underworld
Rarohenga the underworld
raru disappointment; to be hindered; trouble; in trouble
raruraru trouble, problem; in trouble
rata friendly; tame; quiet; doctor
rata kararehe a vet
rātaka diary
Rātapu Sunday
ratarata sharp
rātau them; they (three or more people)
rātō west
ratonga service, services
ratonga ahi fire service
rātou them; they (three or more people)
rau hundred, many; leaf; feather; blade
rāua them; they (two people)
rauemi resource
rauika assembly; heap
Raukawa Moana Cook Strait

raukoti disturb; meddle
raukura feather; plume
raumati summer
raupā cracked; calloused
raupani frying-pan
raupapa series; flat ground
raupatu conquest
raupeka distress; doubt
raupō reed, bulrush
raureka deceitful
rauroha extended
rauru satisfied
rautangi perfume
rautao leaves for wrapping food in oven; to wrap round with leaves
rautau century
rautupu thunderstorm
rawa goods; finally; very; purpose; advantage
rawahanga mischievous
rāwāhi bank; shore; side; the other side; overseas
rawakore poor, homeless
rawe excellent
raweke busy; disturb; prepare; meddle with
rāwhara raffle
rāwhiti east; sunshine
rea murmur; to grow up
reanga generation
rēhia pleasant; pleased; pleasure
rehu dim; spray
rehutai sea spray
rei bosom; chest; ivory; jewel; leap, rush; treasured possession; tusk

reia (pass)   to be sought after; to be popular
rēinga   leaping place
reiputa   ivory neck pendant
reira   that place, time, or circumstance
reka   sweet; delicious
rekareka   fun; itchy; tickling
rekoata   record
rekoata o te ao   world record
rēmana   lemon
rēme   lamb
reo   language; dialect; speech; tone; voice
reo irirangi   radio
rēpata   leopard
repe hūare pupuhi   mumps
repo   swamp; cannon
rere   fly; escape; fall; flow; run, flee; hurry; sail
rereangi   hang-gliding
rerekē   different, odd, strange; unusual
rerekētanga   difference
rerenga   flight; distant relatives; fugitive; survivor; refugee; sentence (grammar)
rerenga ahi   fire escape
rerenga o Tama-nui-te-rā   solar system
rērere, rererere   run from one place to another
rerewhenua   railway
reta   letter
rēti   rent

reti   toboggan
rētihi   lettuce
retihuka   ski
retireti   a slide
retireti hukarere   skiing
retireti wai   hydroslide
retiwai   water-skiing
rewa   float; melt; start; be elevated; mast
rewarangi   pedestrian crossing
rewha   eyebrows; eyelid; cross-eyed
rewharewha   epidemic; influenza, flu
rīanga   insurance
rīhi   dish; dishes; lease
rikarika   hesitating
rīki   leek; onion
rima   five
rimurimu   seaweed; moss
ringa   arm; hand
ringakuti   fist
ringaringa   arm; hand; sleeve
ringawera   cook, kitchenhand
rīngi   ring
ringi   to pour
rino   iron (metal)
ripa   furrow; ridge
rīpeka   cross; crucify
rīpene   cassette, tape; ribbon
rīpene ataata   video tape
ripo   deep pool; whirlpool
rīpoata   report
riri   anger; battle; quarrel; angry, mad; bad-tempered

rīria (pass) to get in trouble, be told off

riro be acquired, be got; be taken away; leave; become

rita litre

rite agreed to; completed; like; equal; ready, prepared

ritenga custom; habit; likeness

rito middle shoot of a plant

riu valley

rīwai potato

rīwai parai french fries

rō whare indoors

roa long; tall; length; height

roanga continuation; delay

rohe area; boundary; zone

rohea weary

roherohe mark off by boundary; to separate

rōhi rose

rohi loaf

rōia lawyer

roimata tears

rokiroki used up; preserve

rokohanga found; reached; to be happened upon

rongo feel; hear; obey; peace; sense; smell; taste; fame; news

  rangona (pass) be felt; be heard; be obeyed; be smelt; be tasted; be sensed

rongoā medicine, cure

rongonui famous

rongopuku overhear

rōpere strawberry

rōpū group; gang

rorerore barbecue

rori road

rorirori clumsy; stammering; silly

roro brain; porch of whare

roroa long (plural)

rorohiko computer

roromi crush; squeeze

rota lottery

roto in; inside; midst; lake; swamp

rou mamao remote control

rourou small basket

rū earthquake; shake

rua two; both; grave; hole; storage pit; store-house;

rua wiki fortnight

ruahine old woman; priestess

ruaki vomit

ruaki moana seasick

ruānuku magician

ruarua few

ruha worn out

rui shake; scatter; sow

  ruia (pass) be shaken; be scattered; be sown

rukaruka completely; utterly

ruku dive; sink

  rukuhia (pass) be sunk

rukuruku dive or dip frequently; wrap up small

rūma room

rūma moe bedroom

rūma noho living room

rūma unuunu changing room

rumaki   immerse, immersion; dip;
   drown; bury
rūnanga   assembly; council
runga   above; over; south; top; up
rūpahu   nonsense; lie, tell lies
rure   scatter; shake

rūri   ruler; survey (land)
rūrū   wave about; handshake
ruru   owl; morepork; take shelter
rutu   jolt; tackle; toss about
   rutua (pass)   be jolted; be tackled;
   be tossed about

Tā   Sir

tā   belonging to; to tattoo; to paint; to publish, to print

tā kōrua   your (singular, addressed to two people)

tā koutou   your (singular, addressed to three or more people)

tā mātou   our (singular, theirs and mine)

tā māua   our (singular, his or hers and mine)

tā moko   art of tattooing

tā rātou   their (singular, three or more people)

tā rāua   their (singular, two people)

tā tātou   our (singular, three or more people)

tā tāua   our (singular, two people)

tae   arrive; reach; colour, dye; amount to; up to; proceed to

taea (pass)   to be done; to be able to

tae atu ki   as far as; including

tae noa ki   up until

taewa parai   french fries

tahā   calabash

taha   side; beside

taha oranga   fitness

tāhae   steal, rob; stealthily; thief, robber; fellow

tahaki   shore (from the sea); to one side

tahanga   empty; slightly, a bit; naked

tahataha   steep bank

tahatai   seashore

tahatika   coastline

tahe   flow; menstruation

tāhei   necklace; stripes

tāheke   descend, drop; steep; waterfall

tahi   one; single; unique; quite; together; altogether; sweep; smooth with an adze

tahia (pass)   be swept

tahirapa   rubber, eraser

tahitahi   scrape; sweep

tahu   burn; cook; light (set on fire); husband, wife; lover

tahua   pile of food; sum of money

tāhuhu   ridgepole of a meeting house

tāhuhu kōrero   history

tāhuna   beach; sandbank; dry

tahuri   set to work; to turn to; to turn over

tai coast; the other side; sea; tide
tai āniwhaniwha tidal wave
taiaha long hardwood weapon with a pointed tongue at one end and a long flat narrow blade at the other
taiao environment
taiapo carry
taiatea afraid; nervous
taiāwhio encircle
taiepa fence; wall (freestanding)
taihoa soon
taihoa! hang on!
taika tiger
tāiki rib; wicker basket
tāima time
taimaha heavy
taimana diamond
taimau betrothed, engaged
tāina toaster; plural of taina
taina (pl tāina) junior; younger brother or cousin of a male; younger sister or cousin of a female
taipa be silent
taipō goblin
taitama young man
taitamāhine young woman
taitamaiti child
taitamariki young person, young people
Tāite Thursday
taitea pale; sapwood; white
taitoa brave
taitonga south
taiwhanga ako classroom

taiwhanga pūtaiao laboratory
taka fall off; turn; go round; encircle; prepare; be formed, be developed; propose; heap; roll; come round (time)
takaina (pass) be heaped up
takahi trample; tread; stamp; disobey, violate
tākai bind; wrap up; bandage
takakau at leisure; unmarried
takakino act hurriedly; to abuse; to debase; to spoil
takapapa tablecloth
takapau floor-mat
takapū belly; calf of leg
takarangi faint; giddy; stagger
tākaro play; sport; wrestle; game
tākaro ataata video game
tākaro rorohiko computer game
takatū prepare, get ready
tāke tax
tāke moni whiwhi income tax
take beginning, cause, origin, reason; subject of discussion
takere bottom (of sea, river); hull; keel
taketake base; ancient; original; lasting
taki to lead; to recite; to speak; to tow; to trace; challenge
tākiri draw away quickly; untie; pull out; strike (a match)
tākirirangi space rocket
takirua in pairs, two at a time
takitahi individually, one at a time

takitaki appear; provoke; revenge; look for; recite
takitaro moment
takitini in droves
takiwā area; district; time
takoki be sprained
takoto to be in position; to lie; to lie down; to lie before one in the future; be formed
  takotoria (pass) be laid down
takotoranga position, site
tāku my (singular)
taku my (singular); edge
takuahi fireplace
takune pretend
takunga an excuse
tākupu gannet
takurua winter
tākuta doctor
takutai sea coast
takutaku recite; threaten
tama boy; son
tamāhine daughter; girl
tamaiti child
tamaiti whāngai adopted child
Tāmaki-makau-rau Auckland
tamariki children
tāmaru shady
tame heihei rooster
tāmiro twist
  tāmirotia (pass) be twisted
tamumu hum; buzz
  tamumutia (pass) be hummed
tāmure snapper
tāmutumutu intermittent

tāna his; her; its (singular)
tana ton
tāne husband; man; bridegroom
tangata (pl tāngata) human being; person
tangata whenua host people or tribe; original inhabitants, people of the land
tangatanga comfortable
tangi cry, weep; lamentation; mourn, grieve, funeral; to make a sound; reception (radio or television)
  tangihia (pass) be mourned
tangihanga funeral
tangiweto cry; cry-baby
tango take; take hold of; acquire; attempt; accept; subtract; remove
  tangohia (pass) be taken; be acquired; be removed
tango mai receive
tangohanga betrothal, engagement; marriage
tangotango to handle; use
tāniko ornamental border of cloak or mat
taniwha monster
tanoni be sprained
tanu bury; plant
tānumi fold in two
tanumi disappear behind
tao to cook; a spear
taokete brother-in-law (of a man); sister-in-law (of a woman)
tāone town; urban

tāone nui city
taonga possessions; valuables; treasure
tapa edge; side; to name, to recite
  tapaia (pass) be named; be recited
tapa tāone suburb
tāpae to present; put before one
tāpaepae jigsaw puzzle
tapahi cut, chop, slice
  tapahia (pass) be chopped; be cut; be sliced
tapahinga makawe haircut
tāpapa stoop; lie face down
tapatapahi cut in pieces
tapawhā rite square
tapeke sum; the score; total
tāpi sticking plaster
tāpiapia sticky
tāpoi tourist
tāpokopoko boggy
tāpōrena raincoat
tapou dejected; miserable
tāpu bath
tapu forbidden; under restriction; sacred
tapuhi to nurse; a nurse
tāpui set aside; reserve
taputapu equipment; gadget; tool; goods; property; appliances
taputapu ā whare furniture
tapuwae footprint
tāra dollar
tara point; spike; peak; wall; sea bird

tārai to shape or fashion timber with an adze
  tāraia (pass) be shaped with an adze
taraihikara tricycle
taraka truck
tarakihana tractor
tarakona dragon
tarapeke jump
taratahi quarantine
tarau trousers
tarau poto shorts
tarau tāngari jeans
taraute trout
tarawhiti a ring
tāre doll
tārehu secretly
tārere swing
tārewa raised up; provisional; unpaid; unresolved
tari bring; urge; office; government department
taringa ear
taro food plant; bread; shortly
taro ake in a little while
taro kau iho in a very little while
tarotaro cut the hair
tārū painful; shake
taru grass; vegetation; thing
tārua after a while; repeat
tārūrū painful; shaking
tātā criticise harshly; stem; smash down; stalk
tata near; nearly; close
tātahi seaside; wide apart

tātai arrange; measure; calculate; recite whakapapa (genealogy, line of descent); plan

tātaitai calculator

tātaki kupu spelling

tatangi tatau doorbell

tatao younger brother or sister; deep; to droop

tātari sieve; sift; analyse; review

tatari to wait; to expect

 tāria (pass) be waited for; be expected; after a time

tātau we; us; everyone

tatau to count; to spell; door; to tie

tātou we; us; everyone

tatū agree; reach the bottom; be content; be resolved

tatu stumble, trip

tātua a belt

tātua tūru seatbelt

tāu your (singular, addressed to one person)

tau alight, come to rest; be able; be suitable; to bark; float; sweetheart; to sing; year; age; rest; string; neat, tidy

tau peke leap year

tāua you and I

taua army, war party; grandmother, old woman; that (mentioned before)

tauera towel

tauhou strange; stranger

tauihu bow of canoe

tauine ruler (stationery)

tauira copy; pattern, model; student

tauiwi foreign race; strange tribe

taukiri expresses distress, surprise

taukumekume debate

taumaha heavy; weight; serious (matter)

taumārō obstinate

taumaru shaded

taumarumaru shady (of trees)

taumata brow of hill; level

taumau betrothal; betroth; betrothed; reserve for oneself

taunga become accustomed to; a perch

taunga ika fishing ground

taunga wakarererangi airport

tauomaoma race (running)

tauparapara chant at beginning of speech

taupatupatu to compete with one another; contradict

taupiripiri arm-in-arm

taura rope

taura piu skipping rope

tauraki tumble-drier; drought; to dry in the sun

tauranga anchorage; fishing ground; resting place

tauranga waka car park

taurangi changeable; incomplete; wanderer

taurapa stern-post of a canoe

taurekareka scoundrel; slave

taurima entertain; hospitality

taurima rererangi flight
attendant
taurite alike; opposite
tāuru source; top (of tree etc)
taurua double, in pairs
tautahi only child
tautara fishing rod
tautau to hang down
taute look after; prepare; mourn
tautika even; straight
tautohe contend; contest
tautohetohe argue
tautoko to support
  tautokona, tautokohia
  (pass) be supported
tautopenga goalkeeper
taututetute jostle one another
tauwaka numberplate
tauwehe separate; to be separated
tauwhanga ambush
tauwhiro social worker; tend, care
for
tawa purple
tāwāhi the other side (of the sea,
valley, river, lake, etc); overseas
tāwāhi, nō/o/ki international
tawaki crested penguin
tāwhana curved
tāwhaowhao driftwood
tāwhe travel
tawhi toffee
tāwhiri beckon
tawhiti distant; distance
tawhito old
te the (singular)

Te Ika-a-Māui North Island
Te Moana o Raukawa Cook
Strait
Te Moana-nui-a-Kiwa Pacific
Ocean
Te Tai Rāwhiti East Coast
Te Tai Tokerau Northland
Te Waipounamu South Island
Te Whanga-nui-a-
Tara Wellington
tea white; clear
tēhea? which? (singular)
teihana channel (TV); railway
station
teihana hinu petrol station
teina (pl tēina) junior; younger
brother or cousin of a male;
younger sister or cousin of a female
teitei high, tall, lofty
teka lying; lie
tekau ten
tekau mā rua dozen
tekoteko carved figure on top of
whare
tēnā that (by you); this; each; there;
but
tēnā ko tēnei but on the other
hand
tēnā koe! hello! (to one person);
thank you
tēnā kōrua! hello! (to two people);
thank you
tēnā koutou! hello! (to three or
more people); thank you
tene impromptu

tēnehi   tennis

tēnei   this (here); any; each; here; now

tēnei pō   tonight

tēnei rā   today

tēneti   tent

tepetepe   jellyfish

tēpu   table

tēpu tuhituhi   desk

tērā   that (far off); that other; last; next; he; she; then; there

tērā tau   last year; next year

tere   fast; to drift; to float; swim (of fish)

terēina   train

tētahi   a; each; one; some

tētahi atu   another

tētahi mea   something

tētahi tangata   somebody

tētahi wāhi   somewhere

tētehi   a; each; one; some

tetetete   chatter; rattle

teti pea   teddy bear

tewha   working songs or chants

tewhatewha   long wooden axe-shaped club

tēwhea?   which? (singular)

tī   cabbage tree; tea

tī hāte   t-shirt

tī kōuka   cabbage tree

tī rākau   stick game

tīaho   shine

tiakarete   chocolate

tiakete   jacket

tiaki   guard; look after; watch out for

tiakina (pass)   be looked after

tiamu   jam

tīare   scent

tieke   cheque

tiemi   see-saw

tīere   scent; jelly

tīhae   tear, rip

tīhaea (pass)   be torn

tihe   sneeze

Tīhema   December

tihewa   sneeze

tīhi   cheese

tihi   summit

tīhore   bare; to strip off; peel; clear, clear up (weather)

tika   correct; straight; even; justice; reliable (of data)

tīkākā   sunburn

tikanga   culture; custom; practice; habit; meaning; reason; rule; method

tikanga maha   multicultural

tikanga o te wā   the fashion

tikanga rua   bicultural

tīkaokao   hen

tiketike   height; high; important

tiki   fetch; go to do something; neck pendant

tīkina (pass)   be fetched

tīkiti   ticket

tikitiki   topknot

tikitiwhi   detective

tiko   to defecate; excrement

tīma   team

tīmata   begin, start

tīmatanga   beginning, origin, start

tīmere   chimney

timu   ebb tide; shoulder; end

tina   lunch

tinana   body; in a mass; person; real; really

tinei   extinguish; put out

tīneia (pass)   be put out

tīni   chain

tini   very many; large number of people; tin

tinihanga   cheat; deceive; dishonest; trick

tino   so, very; most; real; special; precise

tino hāneanea   luxury

tino kaitā   enormous

tino nui   giant, huge

tino pai!   very good!

tino taonga   valuable

tino tau   impressive, flash

tino tika   exact

tio   oyster

tīpako   select

tīpakopako   now and then; occasional

tīpare   headband

tipi   glide; slice

tipu   a plant; grow

tipuria (pass)   be grown

tipua   demon; foreigner; object of terror; genius; a giant

tipuna (pl tīpuna)   ancestor; grandparent

tira   rank; row; travellers; wand

tira pūoru   orchestra

tīraha   lie face upwards

tīrairaka   fantail

tīramaroa   lighthouse

tirara   daffodil

tiriti   street; treaty

tiro   look

tirohia (pass)   be looked at, be seen

tiro mākutu   stare

tirohanga   sight; view

tirotiro   investigate; examine

tītaha   lean to one side; crooked

tītī   muttonbird

titi   comb; insert; peg; pin; shine

titiro   to look; to examine

tirohia (pass)   be looked at; be seen; be examined

titiwai   glow-worm

tito   compose story or song; fiction; invent

tītoko   to keep away

tītongi   nibble

tītore   divide; split

tiu   north; north wind; soar

tiutiu   sparrow; thrush

tīwaha   shout for; shout after

tiwha   mark; spot

tīwhaiwhai   wave about

tīwharawhara   stereo

tiwhikete   certificate

tō   belonging to; dive; drag; open or shut; be conceived; to set (of the sun); your

tōia (pass)   be dragged

tō kōrua   your (singular, addressed to two people)

tō koutou   your (singular, addressed to three or more people)

tō mātou   our (singular, theirs and mine)

tō māua   our (singular, his or hers and mine)

tō rātou   their (singular, three or more people)

tō rāua   their (singular, two people)

tō tātou   our, all of our, belonging to everyone

tō tāua   our, yours and mine

toa   bravery; male animal ; warrior; champion; hero; winner; win; shop, store; dairy

toa rongoā   chemist

toanga   bravery

tō-ā-papa   gravity (force of)

toe   be left; remain

toenga   left over, remnant, remainder

toetoe   grass, rushes

toha, tohatoha   distribute; allocate

 tohatohaina (pass)   be distributed, be allocated

tōhau   dew; sweat

tohe   persist; argue

 tohea (pass)   be argued about

tōhi   toast

tohi   divide, separate; ceremony for newborn baby

tōhihi   puddle

tohitū   direct; straight

tohorā   whale; southern right whale

tohu   mark, sign; show, point out; preserve, award; badge; tick

 tohungia (pass)   be marked; be preserved; be pointed out

tōhua   yolk

tohunga   expert; priest; artist

tohunga tā moko   skilled tattoo artist

tohunga whakairo   master carver

tohutaka   recipe

tohutoa   medal

tohutohu   advise; guide; instruct; point out

toi   finger; indigenous, native; toe; art; arts; tip

toitoi   jogging; trot

toitū   entire; permanent; undisturbed

toka   rock

toke   worm

toke hore   tall person

tōkena   socks, stockings

tokerau   autumn; northern

toki   adze; axe

toko   divorce; pole

tokohia?   how many people?

tokomaha   many people

tokomauri   hiccup

tokotoko   stick; walking stick; pole-like weapon

tokowhia?   how many people?

tōku   my (singular)

tōmairangi   dew

tōmato   tomato

tomo begin; be filled; pass in; enter
  tomokia (pass) be entered
tomokanga entrance
tōmua early
tōmuri late
tōna his, her (singular)
tōnapi turnip
tōneke trolley
tōnga o te rā sunset
tonga south; south wind
tōnihi move stealthily
tono request; send; apply; invite
  tonoa (pass) be requested; be
  sent; be applied for; be invited
tonu still; always; continually;
  immediately; only
toparere helicopter
tope cut down; cut off
  topea (pass) be cut down; be cut
  off
tōpito end; district
tōpū couple, pair; assembled
tōrangapū politics; political
tōraro negative number
toremi disappear; drowned
tori cut
toro extend; visit; scout; explore;
  burn
toroa albatross; drawer
torohē examine
tōroherohe wag (as in a dog
  wagging its tail)
torohīhihi short hair; few hairs
torohū secret; secretly; stealthily
torōna throne

toronga distant relatives
torotika in a straight line
torotoro hold out hands
toru three
torutoru few
tōtā sweat
tote salt
toti limp (walk with difficulty)
tōtika straight
tōtiti sausage
tōtiti wera hot dog
totō ooze; trickle
toto bleed; blood
totohe contend
totohu to sink
totoro stretch out
tōu your (singular, addressed to
  one person)
tou dip; plant; set on fire; buttocks,
  bottom
toutou dip into liquid
tū to stand; to stop; to be
  established; to be wounded; to
  remain; sort; to take place
  tūria (pass) be established
tua back; cut down; distant time;
  other side; this side; time past
tuahangata hero
tuahine (pl tuāhine) female
  cousin or sister of a male
tuahiwi skeleton
tūāhu altar
tuaitara spines
tuakana (pl tuākana) older
  brother or male cousin of a male;

older sister or female cousin of a
female; senior

tuaki   to gut fish

   tuakina (pass)   be gutted

tuanui   harsh; roof

tuarā   back (noun)

tūārangi   from far away; ancient;
important

tuarea   anxious; sorrowful

tuarongo   back wall of house

tuarua   twice; repeat; second

tuatahi   once; first

tuatangata   hero

tuatea   anxious; pale

tuatete   hedgehog

tuatoru   third

tuatua   chop up finely; main range;
shellfish

tūāua   shower (rain)

tuawhenua   mainland; inland

tuha   to distribute; to spit, to spit
out

tuhi   draw; write

   tuhia (pass)   be drawn; be written

tuhi ā ringa   handwriting

tuhinga   note (written); essay; any
piece of writing

tuhituhi   draw; write

   tuhituhia (pass)   be drawn; be
written

tuhituhi anuanu   graffiti

tūhourangi   uncultured, rough

tūhua   obsidian

tui   pierce; sew; thread; lace

   tuia (pass)   be pierced; be sewn

tūiri   a drill

tuitui   fasten up; sew

tūkaha   hasty; vigorous

tuke   elbow; jerk; knock; angle

tūkeke   lazy

tukemata   eyebrow

tuki   pound; attack

   tukia (pass)   be hit; be pounded;
be attacked

tūkino   abuse; wicked

tukituki   to wreck; destroy

tuku   allow; let, let go; send;
surrender; to post

   tukua (pass)   be allowed; be sent;
be let go; be posted

tuku iho   passed down

tukutuku   spider's web; decorative
wall panels in house

tūmanako   hope; expect

tūmatanui   public (not private)

tūmau   permanent, continuous;
servant

tumeke   be startled, get a fright;
awesome! (great!)

tūmomo   kind (type)

tumu   stump

tumuaki   crown of the head;
director; principal; headteacher

tumutumu   stump

tuna   eel

tūnga   wound; position

tūnga pahi   bus stop

tunga   toothache

tungāne   brother or male cousin of
a female

tungāne whakaangi step-brother
tūngoungou chrysalis, larva
tunu roast; bake
  tunua (pass) be roasted; be baked
tunutunu afraid
tuohu bow the head
tuopu swap, trade
tūpāpaku corpse, body
tūpare shade eyes with hand
tūpato careful; cautious; suspicious
tupehu angry
tūpeka tobacco
tūpeke jump
tupu to grow; genuine
  tupuria (pass) be grown
tupua demon; foreigner; object of
  terror; steal
tūpuhi storm; thin, skinny
tupuna (pl tūpuna) ancestor;
  grandparent
turaki push down; overthrow
  turakina (pass) be pushed down;
  be overthrown
tūranga foundation; position
Tūranga-nui-a-Kiwa Gisborne
tūrangawaewae home place;
  spiritual home
tūraparapa trampoline
ture law
tūrehu fairy; elf; wink
Tūrei Tuesday
tūrēiti late
turi deaf; knee; disobedient
turituri noise; threat
turituri! be quiet!

tūroa of long standing
tūrohi exhausted, tired
turori stagger
tūroro sick person, a patient
tūru chair; stool
tūruhi tourist
turuki crowded
turuturu to make firm; leak; pole
tuta back of the neck
tūtae excrement
tūtaki meet; meeting; shut
  tūtakina (pass) be met; be shut
tūtara gossip; slander
tūtata near
tute nudge; push
tutetute jostle
tūtira file; row
tūtoro dreamy
tutū naughty; stand erect; set on
  fire; violent
tūtūā person of low birth
tūtuki to crash; to strike against;
  collide; bump
  tukia (pass) be crashed into; be
  bumped
tutuki to complete successfully,
  see something through, be
  achieved
tūtukitanga a crash; a collision
tūturi kneel
tūturu natural; permanent;
  original; real
tūwaewae visitors
tūwaharoa yawn
tuwha distribute; spit, spit out

tūwhana urge
tuwhara floor mat
tuwhena rawa overdose

tuwhera open (adjective)
tūwiri be afraid; terror; tremble; drill

ū breast; reach land, to land; udder; be firm, be fixed
 ūngia (pass) be reached; be landed
ua rain
uarapa messy, untidy
uarua raincoat
uaua difficult; strenuous; muscle
uha female
uhi tool used for tattooing; yam
uhunga lament; funeral
ui ask; question
 uia (pass) be asked; be questioned
uira lightning
uiui to interview
uiuitanga interview
ūkaipō birthplace
uma chest
umanga occupation, business
umere applause; shout
umu earth oven
unahi scale of fish
ūnga place of arrival
ungaunga urge repeatedly
unu take off; to drink
 unuhia (pass) be taken off; be drunk
upoko head; chapter

ure penis
uri descendant
Uropi Europe
uru join; enter; participate
 urua (pass) be joined; be entered; be participated in
uru huarākau orchard
uruhua bruise
urunga pillow
urupā burial ground, cemetery
uruuru hasten; urge
uruwhenua passport
uruwhetū galaxy
uta inland; the land; to load
 utaina (pass) be loaded
utanga burden; freight; cargo
utauta equipment, a load
utu revenge; price; to pay
 utua (pass) be revenged; be paid
utu ā tau salary
utu ā wiki weekly pay; pocket money
uwha female (normally of animals)
uwhi to cover; covering; spread out; yam
 uwhia (pass) be covered; be spread out
uwhiuwhi shower (rain)

wā   time; opportunity
wā e heke mai nei   future
wā kāinga   home
wā moe   bedtime
wae   foot; leg; separate
waea   telephone; wire
waea pūkoro   cellphone
waea whakaahua   fax
waenga   middle
waenganui   middle
waenganui pō   midnight
waero   hair of dog's tail; tail
waeroa   mosquito
waewae   foot; footprint; leg
waewae tapu   stranger, newcomer
waha   entrance; mouth; gate
waha mautohe   protester
wāhanga   season; section; channel
   (TV); term (school); chapter (book)
wāhanga whāomoomo   intensive
   care unit
wahangū   dumb; quiet
wahapū   entrance to harbour;
   eloquent; mouth of river
waharoa   gateway
wahawaha   generous;
   approachable
wāhi   break; part; piece; place, area

wāhia (pass)   be broken
wāhi tapu   sacred place; burial
   ground
wāhi utu   checkout
wāhi whakangahau   amusement
   arcade
wāhi whakatau   reception area
wahia, wahie   firewood
wahine (pl wāhine)   wife;
   woman; female; bride
wahine mākutu   witch
waho   outside
waho i te ture   illegal
wai   water; liquid
wai āporo   apple juice
wai ārani   orange juice
wai māori   fresh water
wai petipeti   jelly
wai rēmana   lemonade
waiariki   hot spring; geyser
waiaruhe   anguish; bitterness
waiata   sing; song
   waiatatia (pass)   be sung
waiata-ā-ringa   action song
waihanga   build
waiho   remain; let be; leave behind
waihoki   likewise, moreover
waikeri   ditch

waimarie   quiet; lucky
wāina   wine
waiora   health
waipiro   alcohol
waipuke   flood
waipuna   spring of water
waipupuru   yoghurt
wairangi   excited; mad
wairanu   gravy; juice; sauce
wairau   bruised
waireka   soft drink, fizzy drink
wairua   spirit; soul
Wairua Tapu   Holy Spirit
waitai   salt water
waitohu   mark; symbol; icon;
  predict
  waitohungia (pass)   be marked;
  be predicted
waiū   milk
waiwai   to soak
waka   canoe; container; vehicle; car;
  group of related tribes
waka para whenua   bulldozer
waka pēpi   pram, pushchair
waka tinei ahi   fire engine
waka tūārangi   spacecraft,
  rocket
waka tūroro   ambulance
waka whakatakere   submarine
wakahiki   crane
wakahuia   carved box for holding
  valuables
wakarererangi   aeroplane
wakatere   speedboat
wakatono   taxi

wana   bud; sprout; ray of light;
  thrill
wānanga   educational gathering; to
  hold in-depth discussions; Māori
  university
wanawana   fear; shiver; thrill
wani   criticise; swan
  wania (pass)   be criticised
waoku   jungle
wāpu   wharf
waraki   uncommon
ware   ignorant
  warea (pass)   be preoccupied; be
  made unconscious
wareware   forgotten; to forget
waru   eight; scrape; shave; cut the
  hair
  waruhia (pass)   be scraped; be
  shaved; be cut
wātaka   timetable
wātea   vacant, free, unoccupied
wati   a watch
wauwau   grumble
wawā   be scattered
wawaenga   average
wawata   desire; daydream
wawe   early; first; quickly; soon;
  too soon
wē   squeak, squeal
wehe   detach; divide; leave;
  separate
  wehea (pass)   be detached; be
  divided; be left; be separated
wehenga   departure; division
weherua   be in doubt; midnight

weherua pō   midnight
wehewehe   arrange; to sort
wehi   to fear; terrible
wehiwehi   awe
Wenerei   Wednesday
wera   hot; burn; heat; warm
werawera   perspire; perspiration
weriweri   disgusting
wero   challenge; dare; pierce;
   injection; throw spear
 werohia (pass)   be challenged; be
   pierced
wetiweti   disgusting
weto   cry; weep; to be extinguished
   or put out (as of fire)

weu   fibre; single hair
wī   game of tag
wiki   week
wikitōria   victory
wīra   wheel
wiri   shiver; tremble; twist; bore;
   drill
wiriwiri   tremble
witi   wheat
Wīwī   French; France
wūru   wool; woollen
wuruhi   wolf

whā four
whae aunt; mother
whaea aunt; mum, mother
whāereere mother
whai to aim; follow; chase, pursue; possess, have; cat's cradle
  whāia (pass) be aimed at; be followed; be chased; be pursued
whai rawa rich, wealthy
whai taonga rich, wealthy
whai tikanga sensible; important
whaiāipo darling, sweetheart
whaiao daylight
whaihanga virtual reality
whaihua useful, effective, worthwhile
whaikōrero make a formal speech, especially on the marae; a formal speech
whāinga pursuit, goal, objective
whāiti narrow
whaitiri thunder
whaiwhai hunt, chase
whaka- towards
whakaae consent; agree
whakaaetanga permission; agreement
whakaahua photograph; drawing; picture; photocopy; painting
whakaahua kē disguise
whakaako teach
whakaangi float; hurl oneself; indicates 'step' relationship
whakaara enemy; raise; wake
whakaari to expose; to show; skit; drama; programme (TV)
whakaaro intention; plan; think, consider; thought; idea; opinion
whakaarohia, whakaarongia (pass) be planned; be thought, be considered
whakaaroaro consider, ponder
whakaata reflection; reflect; mirror
whakaata roto x-ray
whakaatu show, demonstrate; exhibit; to model (clothing)
whakaaturanga exhibition; publicity, promotions
whakaeke enter; attack
whakaemi to gather together, collect
whakaero dwindle
whakaeto evaporate; dissolve
whakahaere manage; lead; direct
  whakahaeretia (pass) be managed; be led; be directed

whakaharahara huge; extraordinary

whakahau to command

whakahauhau command; encourage; song to encourage workers

whakahauora refresh; revive

whakahaupapa freeze

whakahaupapatia (pass) be frozen

whakahāwea belittle; abuse

whakahē blame; condemn; disagree

whakaheke ngaru surf; surfing

whakahekeheke striped

whakahīhī conceited; proud, arrogant; to jeer

whakahinuhinu glossy

whakahira presume

whakahirahira great, highly important; amazing

whakahoa to be friendly with

whakahoanga friendship

whakahōhā annoy; bore

whakahoki to answer; return

whakahōnore to honour

whakahori disbelieve

whakahua recite; quote; pronounce

whakaihiihi exciting

whakaingoa to name

whakaingoatia (pass) be named

whakaipo cherish

whakairi hang up; raise

whakairo carve; carving

whakaiti despise; diminish, shrink, reduce; be humble

whakakā a switch; to turn on (appliance)

whakakāhore deny; refuse

whakakai earring

whakakākahu to dress

whakakakara to scent; to perfume

whakakapi fill up a space; close

whakakata funny

whakakatakata funny (amusing)

whakakī to fill

whakakino disfigure; to abuse

whakakite display

whakakoekoe tickle

whakakoi sharpen

whakakoia assent, agree

whakakore abolish; cancel; turn off; delete

whakakori tinana aerobics; physical exercise

whakakorikori shake; arouse

whakakotahi unite; unify

whakamā ashamed; shy; embarrassed; embarrassing

whakamahana to warm; heater

whakamahara to remind

whakamahi set to work; operate; utilise

whakamāmā make easy, simplify

whakamamae inflict pain; feel pain

whakamana give effect to, authorise

whakamanawa encourage; inspire confidence

whakamania to verbally abuse

whakamāori explain; interpret; translate into Māori

whakamārama explanation; explain

whakamāramatia (pass) be explained

whakamaroke to dry

whakamarumaru to protect; to shade; to shelter

whakamataku to scare

whakamātau try; attempt; test

whakamātauranga trial

whakamātautau test, exam

whakamau fasten; to fix

whakamaumaharatanga a memorial

whakamīharo surprising; wonderful

whakamihi praise; acknowledge; thank

whakamoe close eyes; put to sleep; give in marriage

whakamoemiti praise; thank

whakamōhio inform

whakamomori commit suicide; grieve

whakamua forwards

whakamuri backwards

whakamutu finish; quit

whakamutunga youngest child; last; end, finish

whakangā rest, take a break

whakangahau a show; amuse; entertain

whakangaio deceive; trick

whakangaoko tickle

whakangaro destroy

whakangāwari move quickly; ease, make less severe, soften

whakangote mammal; suckle

whakanoa make free from tapu

whakanui enlarge; to make or consider important; to multiply; celebrate

whakaoho startle; wake up

whakaomoomo nurse or look after a child or invalid

whakaongaonga excite

whakaora save; cure; rescue

whakaora whawhati tata first aid

whakaoti to finish, complete

whakaotinga youngest child

whakapae accuse; besiege; lay across; contend; to estimate

whakapahoho stationary, still

whakapai prepare; set in order; bless

whakapaipai decorate; make-up

whakapaipaitanga decoration

whakapākanga youngest child

whakapakari strengthen; develop

whakapākehā translate into English

whakapapa genealogy

whakapau consume, use up, finish, exhaust; spend

whakapau kaha   use energy, work hard

whakapehapeha   boast; conceited; pride

whakapīoioi   to rock

whakapiri   fasten; stick (with glue)

whakapiria (pass)   be fastened; be stuck on

whakapōauau   drug (narcotic)

whakapono   believe; faith; religion

whakapoururu   to frown

whakapuaki   to tell; disclose

whakapuare   to open

whakaputa   publish; make come out

whakaputu   savings

whakarae   exposed, prominent; green, raw

whakarapa   unlucky

whakarāpopoto   summarise; summary

whakararu   to hinder; hindrance; to be occupied doing something

whakarato   serve

whakarau   capture; prisoner; multiply

whakaraupapa   neutral (not take sides)

whakarere   throw out; to leave; suddenly

whakarerekē   to change

whakarihariha   disgusted; disgusting

whakarite   arrange; make like; appoint; compare; decide; make ready

whakaroa   delay; lengthen

whakarongo   to listen

whakaruruhau   shelter; protector

whakarurutanga   safety

whakatā   relax

whakataetae   contend, struggle, compete; contest; competition

whakataetae motokā   motor racing

whakatakataka   move about; roll from side to side

whakatakere   underwater

whakataki   recite; seek; lead along; introduction

whakatakoto   lay down; place; plan

whakatakotoria (pass)   be laid down; be placed

whakatangi   to play an instrument

whakatangitangi   music

whakatanuku   swallow

whakatata   approach

whakatau   decide; try; visit; to pretend; to welcome visitor

whakatauria, whakataua (pass)   to be decided; to be tried; to be visited; to be welcomed

whakatau utu   estimate of cost, quote

whakatauākī   proverb

whakataukī   proverb

whakataunga ā iwi   referendum

whakatautau   moan, wail

whakateka   disbelieve

whakatenetene   annoy; quarrel

whakatere   buoy up; steer; sail
whakatete   gnash the teeth
whakatika   set off; straighten; stand up; alter; fix; prepare
whakatikatikanga rori   roadworks
whakatipu   grow; bring up, nurture
whakatipuranga   generation
whakatō   to plant
whakatohetohe   unwilling
whakatoi   tease, annoy
whakatoro   push forward, thrust
whakatū   erect; raise up; elect; establish
whakatūria (pass)   be erected; be raised up; be elected
whakatūpato   to warn; warning
whakatupu   grow; bring up, nurture
whakatupuranga   generation
whakatutuki   carry to completion
whakatuturi   to be obstinate; refuse to listen
whakatuwhera   to open
whakatuwheratanga   opening
whakaū   establish; support; confirm
whakauaua   strenuous; make (more) difficult
whakaupa   delay
whakauru   aid; join; insert; assist; import
whakaute   care for; nurse
whakautu   reply, respond

whakautua (pass)   be replied to; be responded to
whakawā   accuse; condemn; to judge; appraise
whakawaha   put load on back
whakawai,
   whakawaiwai   amuse; practise
whakawareware   deceive
whakawātea   make way for, clear space
whakawāwā   quarrel, wrangle
whakawehi   protection
whakaweti   threaten
whakawhānau   to give birth
whakawhetai   to give thanks
whakawhiti   carry across; cross over; exchange
whakawhiti kōrero   discuss; communicate
whakawhiti whakaaro   discuss; communicate
whakawhitiwhitinga kōrero   exchange of ideas
whakawhiu   afflict; oppress; punish
whakawhiwhi   give; to award
whakawiri   be anxious; tremble; twist; wring
whakawiriwiri   cruel; violent
whāki   confess; disclose
whana   kick; spring back
whanake   cabbage tree; to spring; grow
whanaketanga   youth (the time of being young)

whānako   steal; theft; thief
whānāriki   sulphur
whānau   be born; family
whānau pani   close family of
  someone who has died
whanaunga   relative
whanaungatanga   relationship
whanga   bay; harbour; lie; lie in
  wait; stride; to measure
whāngai   feed, nourish
  whāngaia, whāngaihia (pass) be
  fed; be nourished
whano   behave
whanonga   behaviour
whānui   wide; widely; width
whaowhao   to carve
whara   hit; be struck; to be injured
whārangi   page (of book)
wharau   temporary shed
whare   building; house
whare haumanu   clinic
whare herehere   prison
whare kairangi   palace
whare karakia   church
whare kawhe   café
whare kurī   kennel
whare motokā   garage
whare pī   beehive
whare pikitia   cinema, movie
  theatre
whare pītakataka   gymnasium
whare pukapuka   library
whare rēhia   leisure centre
whare rūnanga   meeting house
whare taonga   museum

whare tapere   theatre
whare toi   art gallery
whare tunu parāoa   bakery
whare wānanga   traditional
  school of higher learning;
  university
whare whakairo   carved house
wharekai   dining hall, restaurant
wharekura   house of learning;
  secondary school
wharenui   meeting house; hall
wharepaku   toilet
wharepora   house where weaving
  is done
wharepuni   sleeping-house
whāriki   mat; spread out
whārite   scales (for weighing)
whārua   footprint; valley
whāruarua   concave
whata   elevated storage platform;
  cupboard
whata mātao   fridge
whāti   fudge
whati   broken, snapped; break,
  snap; run away; turn
whatīanga   elbow
whatitiri   thunder
whatitoka   doorway
whatiwhati   break off; break into
  pieces
whatu   eye; pupil of eye; weave;
  knit; stone; hailstone
whatumanawa   seat of feelings,
  heart (as a figure of speech)
whatungarongaro   disappear

whāwhā   feel; hold
whāwhai   hurry; impatient; urgent
whawhai   fight; resist
whawhaki   to gather; pluck, pick
   (apples etc)
whāwhārua   a hollow; female
   ancestor
whawhati   break off; broken;
   chapped
wheke   creak; octopus
wheketere   factory
whēkoi   move about
whena   a dwarf
whengei   quarrelsome; resentful
whengu   snort; blow (the nose)
whenguwhengu   snuffle
whenua   country; ground; land;
   afterbirth, placenta
wheori   virus
wheoro   reverberate; rumble
whero   red; orange
whēru   wipe the bottom; toilet
   paper
whetau   dodge; wriggle
whetewhete   whisper
whetū   star
wheua   bone
whio   blue duck; whistle
whiore   tail of an animal

whira   violin, fiddle
whiri   plait; twist
   whiria (pass)   be plaited
whirikoka   strength
Whiringa-ā-nuku   October
Whiringa-ā-rangi   November
whiriwhiri   choose; decide;
   deliberate on
   whiriwhiria (pass)   be choosen;
   be decided
whiro   evil
whītau   felt-tip pen
whiti   cross over; jump; verse;
   poem; recite; shine
   whitia (pass)   be crossed over; be
   jumped over; be recited; be shone
   on
whitiāhua   movie
whitinga o te rā   sunrise
whito   a dwarf
whitu   seven
whiu   place; put; throw; punish;
   prison sentence
whiuwhiu   wag (tail)
whiuwhiu para   to litter
whiwhi   own, acquire, get
whoroa   floor
whurū   flu (influenza)
whutupaoro   rugby

ENGLISH-MĀORI

a he, tētahi
ability āhei; kaha
able āhei, taea; kaha
about tata ki
above runga
absent ngaro
absolutely! ehara!
abuse kanga
accept tango
accident aituā
accuse whakapae
ache kōrangaranga; mamae
achieve tutuki
across (the other side) tua atu
   (across hills); i/kei tāwāhi/rāwāhi
   (across valley, body of water)
across (to lie across, at right
   angles) hāngai; whakapae
act (deed) mahi
act (pretend) whakaata
action mahi
action song waiata ā ringa
active kakama; hihiko
actor kaitapere
actress kaitapere
add āpiti

address (where you live) kāinga
admire mihi
adult pakeke
advance, to paneke
adventure pahī
advertise pānui
advertisement pānui
advise tohutohu
aerobics whakakori tīnana
aeroplane wakarererangi
affect pā
afloat mānu
afraid mataku; wehi
Africa Awherika
after muri
afternoon ahiahi
afterwards muri iho
again anō
against ki
age tau; pakeke
agree whakaae, tatū
agreement whakaaetanga
aim (purpose) take
aim, to whai
air hau
airport taunga wakarererangi

alarm (burglar) pahū
alarm (clock) karaka whakaoho
albatross toroa
alcohol waipiro
alike taurite, rite, ōrite
alive ora
all katoa
alligator ngārara arikata
allow tuku ki
almost tata ki
alone anake; anahe; kau
along i
already noa, kē
also hoki
alter whakarerekē
although ahakoa
always i ngā wā katoa
ambulance waka tūroro
ambush haupapa
amen amine
America Amerika
among i roto i, i waenganui i
amusement arcade wāhi
  whakangahau
ancestor tupuna (pl tūpuna);
  tipuna (pl tīpuna)
anchor punga
ancient tawhito
and me
angel anahera
anger riri
angry riri, tupehu
animal kararehe
ankle pona
announce pānui

announcement pānui
annoy whakahōhā; mukākā
another tētahi atu
answer, to whakahoki; whakautu
answerphone mīhini hopu karere
ant pokorua
anxious mānukanuka
any he; tētahi, ētahi (pl); tētehi,
  ētehi (pl)
anything aha
appear puta
appearance āhua
appetite hiakai
applause umere
apple āporo
apple juice wai āporo
approach whakatata
approachable wahawaha
April Āperira; Paengawhāwhā
apron ārai
argue tautohetohe
arm ringa
army taua
arrange whakarite
arrive tae
arrow kōpere
art toi
art gallery whare toi
artist tohunga
as hei; me
ashamed whakamā
ashes pungarehu
aside ki tahaki
ask pātai; ui
assemble mene; huihui

assembly hui; huihuinga
assist whakauru; āwhina
assistant kaiāwhina; hoa
asthma huangō
astronaut kaipōkai tūārangi
at a; hei; i; kei; ki; ko
athlete kaipara, kaiwhakataetae
athletics kaipara
attack huaki
attempt whakamātau
Auckland Tāmaki-makau-rau
August Ākuhata; Hereturikōkā
aunt whaea
Australia Ahitereiria

authority mana
autumn ngahuru
avenge ngaki
average wawaenga
avoid karo
awake ara
awaken whakaara
award paraihe, tohu
away atu
awe wehi
awful wehi
awkward pakepakehā
axe toki

B

baby pōtiki; pēpi, pēpe
babysitter kaitiaki
back tuarā
backpack pāhi
backwards kōmuri
backwater muriwai
bacon pēkana
bad kino
badge tohu
bag pēke
bait maunu
bake tunu
bakery whare tunu parāoa
bald pākira, moremore
ball pōro, paoro
ballet ori hīteke
balloon poihau, pūangi
ballpoint pen pene pura
banana panana
bandage tākai
bank (river) paretai; parenga
bank (savings) pēke
bank account kaute pēke
baptise iriiri
barbecue hūhunu, rorerore
bare kau
bark (of dog) auau, pahū
bark (of tree) kiri, hiako

barn whata
base pūtake
basin peihana
basket kete
basketball pāhiketepōro
bat (animal) pekapeka
bat (sports) patu
bath tāpu
bathroom whare kaukau
battle pakanga
bay whanga
beach one; tātahi
beak ngutu
beam paepae
beard pāhau
beat patu
beautiful ātaahua
because nō te mea
beckon pōwhiri, tāwhiri
bed moenga
bed (in garden) moa
bed (of river) whakatakere
bedroom rūma moe
bedtime wā moe
bee pī
beef mīti kau
beehive whare pī
beer pia

before mua
beg īnoi
begin tīmata
beginning tīmatanga
behave whano
behind i/ ki/ kei muri
belief whakapono
believe whakapono
bell pere
bellbird korimako
belly kōpū; puku
belonging to ā; nā; ō; nō
below raro
belt whītiki; tātua
bend piko
benefit hua
berry kākano
beside i
besides hāunga
best pai rawa; tino pai
betray tuku
better pai akei, pai atu
between kei waenganui
bewildered pororaru; pōhēhē
bewitch mākutu
beyond tua atu
Bible Paipera
bicycle paihīkara
big nui; nunui (plural); rahi; rarahi
(plural)
bill (invoice) kaute
bind takai
bird manu
birthday huritau, rā whānau
biscuit pihikete

bite ngau
bitter kawa
black mangu, pango
blackberry parakipere
blackboard papa tuhituhi
blame whakapae
blanket paraikete
blaze toro, mura
bleed toto
blind (unable to see) matapō,
kāpō, pura
blister kōpūpū
block up pani
blood toto
blow, a moto
blow, to pupuhi
blow (the nose) whengu
blue kikorangi, kahurangi
blunt pūhuki
boast whakapehapeha
boat poti
body tinana
boil, to kōhua
bold māia
bomb pōma, pahū
bone kōiwi, wheua
book pukapuka
boot pūtu
border rohe
born whānau
boss pāhi; rangatira
both rua; rāua tahi (of people)
bottle ipu; pounamu
bottom raro
bottom (of sea, river) takere

bouncy castle pā tāwhanawhana
boundary rohe
**bow (in shoelaces
  etc)** koromāhanga
bow (of canoe) tauihu
bow down koropiko
bowl kūmete
box pouaka
boy tama
bracelet poroporo, kōmore
bracken rarauhe
brain roro
branch manga, peka
brave manawanui
bravery toa
bread parāoa; rewena
break pakaru
break off whawhati
breakfast parakuihi
breath tā, ngā, hā
breathe tā, ngā, hā
breeze matangi
bribe whakapati
brick pereki
bride wahine
bridegroom tāne
bridge arawhata
bright kanapu
bring kawe, mau
broad whānui
broken pakaru
broken off whati
broom tahitahi
brother tuakana (older, of a male,
  pl tuākana); teina, taina (younger

of a male, pl tēina, tāina); tungāne
  (of a female)
brown pōuriuri
bruise marū, uruhua
brush paraehe
bubble, to koropupū
bubbles mirumiru
bucket pākete
budgie kākāiti
buggy paki
build hanga, waihanga
builder kaihanga
building whare
bull pūru
bulldozer waka parawhenua
bullet matā
bumblebee pī rorohū
bump tūtuki, rutu
bunch pū
bundle paihere
burden utanga
burglar alarm pahū
burn tahu
burnt wera
burst pahū
bury tanu; nehu
bus pahi
bus driver kaitaraiwa pahi
bus stop tūnga pahi
bush (forest) ngahere
business mahi; kaipakihi;
  umanga; pakihi
busy warea
but engari; otirā
butter pata

butterfly pēpepe
buttock papa
button pātene
buy hoko

buyer kaihoko
buzz tamumu
by e; i; nā

cabbage kāpeti
cabbage tree tī kōuka
café whare kawhe
cage kōrapa
cake keke
calculate tātai
calculator tātaitai
calendar maramataka
calf (young cow) kāwhe
call karanga
calm marino, āio
camera kāmera
camp puni
camping noho puni
cancer mate pukupuku
candle kānara
canoe waka
cap pōtae
captain kāpene
capture whakarau
car motokā, motukā; waka
careful tūpato
carefully tūpato; āta
careless ware
card kāri
care for manaaki; tiaki; taurima;
  tauwhiro
carpark tauranga waka

carpenter kāmura
carpet whāriki
carrot kāreti
carry hari, kawe, mau
carry on back pīkau
cart kāta
cartoon pakiwaituhi
carve whakairo
case (box) kēhi
cash moni
cash card kāri moni
cassette rīpene
castle pā hirahira
cat ngeru, poti
catch hopu
caterpillar anuhe
cattle ngā kau
caught mau
cauliflower kareparāoa
cause take
cautious tūpato
cave ana
cellphone waea pūkoro
cemetery urupā
cent hēneti
centimetre hēnimita
centre waenganui
century rautau

cereal   pata kai
certainly   āna
certificate   tiwhikete
chain   tīni
chair   tūru
challenge   taki, wero
champion   toa
change   huri, kawe kē
changing room   rūma unuunu
channel   awa
channel (TV)   hongere; wāhanga;
    teihana
chapter   upoko; wāhanga
character   āhua
chase   whaiwhai
checkout   wāhi utu
cheek   pāpāringa
cheese   tīhi
chemist   kēmihi; toa rongoā
cheque   haki; tieke
chest   poho, uma
chew   komekome
chicken   heihei; pīkaokao (meat);
    pīpī (chicks)
chief   ariki; rangatira
child   pōtiki; tamaiti
childhood   tamarikitanga
children   tamariki
chimney   tūmere
chin   kauae, kauwae
chips (french fries)   rīwai parai
chips (small pieces)   kotakota
chocolate   tiakarete
choke   rāoa
choose   whiriwhiri

Christ   Karaiti
Christmas   Kirihimete
church   whare karakia
cicada   kihikihi
cigarette   hikareti
circle   porowhita, porohita
circus   maninirau
city   tāone nui
clap   pakipaki
class (school)   karaehe
classroom   taiwhanga ako
claw   maikuku
clean   mā
clean, to   horoi
clear   mārama
clearly   mārama
clever   mōhio
cliff   pari
climb   piki, kake
cling   piri
clinic   whare haumanu
cloak   kahu; kaitaka
clock   karaka
close   kati
close to   tata ki
close together   pine
clothes   kahu, kākahu, pūweru
clothesdrier   tauraki hurihuri
cloud   kapua, ao
clown   hako
clumsy   hauā
coast   tahatika
coat   koti
coffee   kawhe
coin   moni

cold   makariri, mātao, anu
cold, a   taewa, rewharewha
collect   whakaemi
collection   kohinga, kohikohinga
college   kāreti
colour   tae
comb   heru
come   haere
come out   puta
comfort   oranga ngākau
comfortable   āhuru; tangatanga
comic book   pukapuka
   pakiwaituhi
committee   komiti
common   kitea noatia
communicate   whakawhiti
   whakaaro
communication   whakawhiti–
   whitinga kōrero
compact disc (CD)   kōpaepae
   pūoru
company (firm)   kamupene
compare   whakarite
compete   whakataetae;
   tauwhāinga
competition   whakataetae
competitor   kaiwhakataetae
complain   amuamu; komekome
complete   tutuki; whakaoti
completed   oti
computer   rorohiko
computer game   tākaro rorohiko
conceited   whakahīhī
concern   āwangawanga
concerned   āwangawanga

condemn   whakahē
confess   whāki
confident   whakamanawa
confirm   whakaū
confused   pōkaikaha, rangirua
conscience   hinengaro
consent   whakaae
consider   whakaaroaro
constant   pūmau
contact lens   arotahi
content   tatū
contents   ngā mea o roto
contents (book)   rārangi kōrero
continue   honohono
continuously   hūrokuroku
contract, a   kirimana
contradict   taupatupatu
conversation   kōrero
cook, a   tūmau, kuki
cook, to   tao, tunu
Cook Strait   Raukawa Moana, Te
   Moana o Raukawa
cooked   maoa
cool   mātaotao
copy   tauira
cord   pona
cork   puru
corn   kānga
corner   koki
corpse   tūpāpaku
correct   tika
cost   utu
costume   kahu
cough   maremare
council   rūnanga

count tatau
country whenua
couple rua; tokorua (people)
courage toa, māia
court, to whakaipo
courtyard marae
cousin tungāne (male, of a female);
tuakana (older); teina (younger)
cover hīpoki; popoki
covering hīpoki; popoki
cow kau
coward tautauā
cowardice tāwiri
crab pāpaka
cracked pātotoi
cramped kōpā
crane (machine) wakahiki
crash, a tūtukitanga
crash, to tūtuki
crayfish kōura
crayon pia kano
creak kongangi
cream kirīmi
create hanga
credit card kāri nama
creek manga
creep ngōki
cricket (game) kirikiti
cricket (insect) pihareinga
criminal tangata hara

crocodile moko ngārara
crooked hape
cross rīpeka
cross over whakawhiti
crowd hono; hui
crowded tūruki, kikī
crown karauna
cruel whakawiriwiri
crumb kongakonga
crumble horo
crush roromi
crushed marū
cry (weep) tangi
cry out auē
cuddle awhi, awhiawhi
cultivate ngaki
cultivation ngakinga; ahuwhenua
culture tikanga
cup kapu
cupboard kāpata, whata
current ia
curse kanga
curtain ārai
custom ritenga; tikanga
customer kiritaki
cut motu, tori
cut down tua
cut off kotipū
cut out poka
cut up haehae

dad pāpā
daffodil tirara
dairy (shop) toa
daisy parani
damaged pakaru
damp mākūkū
dance haka; kanikani
dancer kaikanikani
danger mate
dangerous mōrearea
dare (challenge) wero
daring māia
dark pōuri
dark colour pango
darling kare, tau, whaiāipo
dash āki
date (calendar) rā
daughter tamāhine
dawn pūao
day rā, rangi
daylight awatea
daytime ao
dead mate
deaf turi
dear kare
death mate
December Tīhema, Hakihea
decide whakarite, whakatau

decorate whakapaipai
decoration whakapaipaitanga
decrease heke
deep hōhonu
defeated hinga; mate
defend wawao
defy whakatara
degree Celsius whakarautanga
delay whakaroa
delicious reka
delighted āhuareka
demand tono
demon tipua
dentist pou niho, rata niho
deny whakakāhore
depart haere, wehe
descend heke
descendant mokopuna; uri
describe whakaahua
desert, a pakihi
desert, to whakarere
deserted mahue
desk tēpu tuhituhi
desperate pōnānā
dessert purini
destroy whakangaro
detective kairapu hara, tikitiwhi
dew tōhau, tōmairangi

diamond taimana
diary rātaka
dictionary papakupu
die mate, hemo
diet, to nohopuku
difference rerekētanga
different rerekē
difficult uaua
dig keri, kari
dig up hauhake
digger (machine) mīhini keri
dim rehu
dinghy poti paku
dinner tinal; kai
dinosaur mokoweri, mokotuauri
dip tou
direct tohitū
direction aronga, ahunga
director kaiwhakahaere, tumuaki
dirt paru
dirty paru
disagree wenewene, whakahē
disappeared ngaro
disappointment pōuri
disaster aituā; parekura
disbelieve whakateka
disc porotiti
discover kite
discuss kōrero, kōrerorero,
  whakawhiti kōrero
disease mate
disguise whakaahua kē
disgusted anuanu
disgusting weriweri, anuanu
dish rīhi

dishes rīhi
dishonest tinihanga
dishwasher pūrere horoi maitai
disk (computer) kōpae
dislike kaikiri
disobedient turi
display whakakite
dissolved memeha
distance tawhiti, mamao
distant tawhiti, mamao
distract whakaware
distress āwangawanga, raupeka
distribute tuwha
district takiwā, rohe
disturb whawhe
disturbance rarī
ditch waikeri, awakeri
dive ruku
diver kairuku
divide wehe
divorce toko
do mea; waihanga
doctor tākuta, rata
dodge whetau, karo
dog kurī
doll tāre
dollar tāra
dolphin aihe
done oti; mahia
donkey kāihe
don't kaua
door kūaha, kūwaha, tatau
doorbell tatangi tatau
double taurua
doubt raupeka

doughnut tounati
downwards iho
dozen tekau mā rua
drag, to tō
dragon tarakona
dragonfly kapowai
drain awakeri
draw tā, tuhituhi
drawing, a whakaahua
dread pāwerawera
dream moemoeā
dreamy tūtoro
dress kākahu
dress, to whakakākahu
dressing gown kahu tangatanga
dried up pāpuni
drift tere
drill wiri
drink inu
drip patapata

drive, to taraiwa
driver kaitaraiwa
driver's licence raihana kaitaraiwa
droop tatao
drop patapata
drought tauraki
drown toromi, toremi
drowned paremo
drug (medicine) rongoa
dry maroke
dry, to pāina, whakamaroke
duck (bird) rakiraki
dull pōuriuri
dumb wahangū
dung tūtae
dusk kakarauri
dust puehu
dwarf whena, whito

E

each ia
eager kaikā
ear taringa
early (in the morning) moata
early (not late) wawe
earring whakakai
earth (dirt) oneone
Earth, the Ao
earthquake rū
east rāwhiti
Easter Aranga
Easter egg hēki Aranga
easy ngāwari; māmā
eat kai
edge mata
education mātauranga
eel tuna
effective whaihua
egg hua manu, hēki
eggcup kapu hēki
eight waru
either rānei
elbow whatīanga
elect whakatū
election pōti
electric hiko
electricity hiko
elephant arewhana

elf tūrehu, patupaiarehe
e-mail karere hiko
embarrassed whakamā
embarrassing whakamā
emergency ohotata
emotions ngā kare-a-roto
employee kaimahi
employer kaituku mahi
empty kau
encourage whakahau
end mutunga
ended mutu
enemy hoariri
engaged (to be married) hapui
engine pūkaha
England Ingarangi
enjoyable ngahau, pārekareka
enlarge whakanui
enormous tino kaitā
enter kuhu; tomo; uru
entertain whakangahau
entire katoa
entrance kūaha, kūwaha, waha
envelope kōpaki
environment taiao
envy harawene, pūhaehae
equal rite
equalizer (football) hōrite

equipment taputapu
error hapa
escalator ara maiangi
escape oma
estimate whakapae
evaporate whakaeto
even tika, tautika
evening ahiahi
eventually nāwai
ever tonu; ake ake ake
every ia; katoa
everything ngā mea katoa
evil kino, whiro
exact tino tika
exactly! āna!
exam whakamātautau
examine tirotiro
excellent rawe
except hāunga
exchange whakawhiti
excited wana, ihi
exciting whakaihiihi

exercise korikori tinana
exhausted ngenge
exit putanga
expect tatari
expensive nui te utu
expert tautōhito, tohunga
explain whakamārama
explanation whakamārama, whakamāramatanga
explode pahū
explore whakahaere
export hoko ki tai
exposed pūare
extinct ngaro
extinguish tinei
extinguished pirau
extraordinary korokē
eye whatu, karu
eyebrow tukemata
eyelash kamonga
eyelid rewha

face   mata; kanohi
face towards   anganui
fact   mea
factory   wheketere
faded   hātea
fail   hē
faint (indistinct)   tōrikiriki
faint (swoon)   hauaitu
faint (weak)   hemo, maiangi
fair   kiritea
fair-haired   urukehu
fairy   patupaiarehe, tūrehu
faithful   pono
fall   hinga, taka
false   hē
fame   rongo
family   whānau
famine   wā kaikore
famous   hau, rongonui
fan (of pop star,
   sport)   kaiwhaiwhai
fantail   pīwaiwaka, tīrairaka,
   pīwakawaka
far   tawhiti
far away   tawhiti; pāmamao
farewell   hei konei rā (said by
   those leaving); haere rā (said by
   those staying)

farm   māra; pāmu
farmer   kaiahuwhenua
fashion, the   tikanga o te wā
fast   tere, hohoro
fasten   kati, here, whakamau
fat (grease)   hinu
fat, to be   mōmona
father   matua tāne; pāpā
Father Christmas   Hana Kōkō
father-in-law   hungarei
fault   hē
favourite   makau
fax   waea whakaahua
fear   wehi, mataku
feast   hākari
feather   rau, huru; raukura
February   Pepuere, Hui-tanguru
fed up   hōhā
feeble   ngoikore
feed   whāngai
feel   whāwhā
feeling   ariā
feelings   ngākau
feet   waewae
fellow   tāhae
felt-tip pen   whītau
female   uwha, uha
fence   taiepa

fetch tiki
fever kiri kā
few itiiti, ruarua, torutoru
field pārae, pātiki, māra
fierce wawana
fight whawhai; pakanga
fill whakakī
find kite
fine (of weather) paki
finger korokoro, matimati
fingernail matikuku
finish whakaoti
finished mutu
fire ahi
fire engine waka tinei ahi
fire escape rerenga ahi
fire fighter kaipatu ahi
fire service ratonga ahi
firewood wahie
fireworks pahū ahi
firm whena
first tuatahi
first aid whakaora whawhati tata
fish ika
fish, to hī (with hook and line);
  hao (with net)
fish-hook matau
fisherman kaihī
fishing rod tautara, matira
fist ringakuti, meke
fit (healthy) hauora
fitness hauora
five rima
fix (repair) whakatika
fixed (fastened) mau

flag haki
flame mura
flash kōwhā, muramura; hiko,
  kohiko
flash (impressive) tino tau
flat papatahi, pāraharaha
flavour hā, kakara
flax harakeke
flea puruhi, tuiau
flight rerenga
flight attendant taurima
  rererangi
float tere
flock pōkai
flood waipuke
floor papa
floppy disk kōpae
flounder (fish) pātiki
flour parāoa
flow rere
flow freely pātere
flower pua, puāwai, putiputi
flu (influenza) whurū
flute kōauau; pūtōrino
flutter kakapa
fly, a ngaro, rango
fly, to rere
fly up hūpana
flying-fish maroro
foam huka
fog kohu
fold koru
follow whai
fond mateoha
food kai

fool hākawa
foolish rorohuri
foot waewae
football whutupaoro, hutupōro
footprint tapuwae
for hei; ki; mā; mō
forbidden tapu
force, to uruhi
forehead rae
foreigner tauiwi
forest ngahere; ngāherehere
forget wareware
forgive muru
forgotten wareware
fork mārau; paoka
form āhua
fort pā
fortnight rua wiki
found kite; rokohanga
fountain puna
four whā
fragment kongakonga
fragrance kakara, angi
freckle ira; iraira
freedom rangatiratanga
freeze whakahaupapa
freezer pākatio
french fries rīwai parai
fresh hou

Friday Paraire, Rāmere
fridge whata mātao
friend hoa
friendly atawhai, rata
friendship whakahoanga
frighten whakamataku
frightened mataku, wehi
frog pepeke
from i; nō; mai
front aro; mua
frost huka, hukapapa
frown, a poururu
frown, to whakapoururu
fruit hua
fry parai
frying-pan raupani, parai
fudge whāti
fugitive rerenga
full kī; mākona
fun hākinakina, rekareka
fungus hākeke
funny (amusing) hangarau; whakakatakata
funny (odd) hangarau, rerekē
furious pukuriri
furniture taputapu ā whare
further ki kō atu
future wā e heke mai nei; āmua

gadget   taputapu
galaxy   ikarangi; uruwhetū
gale   āwhā
game   tākaro
gang   rōpū
gannet   tākupu
garage   whare motokā; karāti
garage sale   hokohoko karāti
garden   māra
garlic   kāriki, kanekane
gasp   kuha
gate   waharoa (of a marae); putanga
gather   kohi; whakaemi
gathered together   mine
genealogy   whakapapa
generation   whakatipuranga, reanga
generous   ohaoha, wahawaha
genius   tipua
gentle   māhū
gently   āta
genuine   tupu
germ   iroriki
get   whiwhi; riro; tae
geyser   waiariki
ghost   kēhua
giant, a   tipua
gift   koha

gingerbread   parāoa paitu kanekane
giraffe   hīrawhe
girl   hine; kōtiro; tamāhine
give   homai (to me); hoatu (to someone else)
glad   hari koa
glass   karaehe
glasses (eye)   mōwhiti, mōhiti
gleam   uira
glide   tere
gloomy   pōuriuri, pōururu
glory   korōria
glossy   whakahinuhinu
glow   hinātore
glow-worm   titiwai
glue   kāpia
gnaw   ngau
go   haere; whano
goal (aim)   whāinga
goal (in sport)   paneke
goalkeeper   tautopenga
goat   nanenane, nanekoti
gobble   apuapu
god   atua
gold, golden   kōura
goldfish   morihana
golf   korōwha, hau paoro

gone   riro; haere, wehe
good   pai (pl papai)
good!   ka pai!
good afternoon   kia ora
good health!   kia ora!
good morning   ata mārie; kia ora
goodbye   haere rā (said to those leaving), e noho rā (said to those staying)
goodnight   pō mārie
goods   taonga
goose   kuihi
gorge   kapiti
gorilla   makinui, kōriha
gospel   rongopai
gossip   tūtara
gourd   hue, tahā
govern   whakahaere tikanga
government   kawanatanga
grab   whao
graffiti   tuhituhi, anuanu
gram   karāmu
grandchild   mokopuna
grandfather   koro, koroua
grandmother   kuia
grandparent   tupuna (pl tūpuna); tipuna (pl tīpuna)
grape   karēpe, kerepe
grapefruit   hua hīmoemoe
grapevine   aka wāina
grasp   rawhi; apo
grass   pātītī; karaihe
grasshopper   māwhitiwhiti
grave, a   rua
gravel   kirikiri

gravity (force of)   tō-ā-papa, kume-ā-papa
gravy   wairanu
graze   hārau
great   nui (pl nunui)
greedy   kaihoro
green   kākāriki
green, dark   kānapanapa
greenstone   pounamu
greet   mihi
grey   tārekoreko
grieve   tangi
groan   ngunguru
ground   whenua
group   rōpū
grove   uru rākau, motu
grow   whakatupu, whanake
grub   huhu
grumble   wauwau, komekome
guard   tiaki
guard dog   kurī tautiaki
guess   raparapa
guest   manuhiri
guide, a   kaiārahi
guide, to   ārahi; arataki
guide dog   kurī ārahi
guinea pig   poaka kini
guitar   rakuraku
gun   pū
gush   hīrere
gust   apu
gymnasium   whare pītakataka
gymnastics   pītakataka

habit tikanga
hail waitara; ua whatu
hailstone whatu
hair huru (animal); makawe (human)
haircut tapahinga makawe
hairdresser kaikuti makawe
hairy pūhuruhuru
half hāwhe, haurua
hall hōro; wharenui
hamburger hāmipēka; pākī
hammer hama
hand ringa
handbag pāhi; kete
handle kakau
handshake harirū
handsome ranginamu; purotu
handwriting tuhi ā ringa
hang iri
hang down tāepa, tautau
hang up whakairi
hang-gliding rereangi
happen riro
happy koa
harbour whanga
hard (difficult) pakeke, uaua
hard (not soft) mārō
harm kino

harvest ngahuru
hasten uruuru
hastily patiko
hat pōtae
hate mauāhara
he ia
head upoko, māhunga
headache ngāhoahoa; ānini
headland mata; rae
headline kupu matua
headphones kawe rongo
headteacher tumuaki
heal, to whakamāhū
healed māhū
health hauora, waiora; ora
healthy toiora; ora
heap ahu, pūkei, pūkai, haupū
heap up peti; apo
hear rongo
hearing aid pārongo
heart manawa; ngākau
heart attack manawa hē, mate manawa
heat (warmth) wera
heat, to whakawera
heater whakamahana
heatwave hīrangi, pakapaka
heaven rangi

heavy taimaha, taumaha
hectare heketā
hedgehog tuatete, hetiheti
heel rekereke
height tiketike, roa
helicopter toparere
hello tēnā koe (to one person); tēnā kōrua (to two people); tēnā koutou (to three or more); kia ora
helmet pōtae mārō
help āwhina
helper kaiāwhina
hen heihei
her ia; tana, tāna, tōna (thing belonging to her); ana, āna, ōna (things belonging to her)
herb otaota
herd whakataka, kāhui
here konei
here! anei!
hero toa; tuahangata
heron, white kōtuku
hesitate tawhitawhi; tikumu
hiccup tokohana
hidden huna, whakapeke
hide huna, whakapeke
high ike; teitei
high school kura tuarua
high up paratū
hijack kahaki
hill puke, hiwi
him ia
hip himu
hippopotamus hipohipo
hips hope

his tana, tāna, tōna (singular); ana, āna, ōna (plural)
hiss hū
history tāhuhu kōrero; hītori
hit patu
hitchhiker pakituri
hoarse whango
hockey hake
hold pupuri
hole poka, puare; kōrua
holiday hararei
hollow kohukohu
home kāinga
homesick manatu
homework mahi kāinga
honest pono
honey mīere
honour hōnore
hoof matikuku
hook matau
hope tūmanako
horizon pae
horn hāona
horse hōiho
hospital hōhipera
hostage mau herehere
hot wera
hot air balloon pūangi
hot dog tōtiti wera
hotel hōtēra; pāparakāuta
hour hāora
house whare
housework mahi ā whare
how pēhea, pēwhea
however heoi, heoi anō

howl auau
hug awhi
hull takere
hum wheo
human race uri, tangata
humble, to whakaiti
hundred rau
hungry hiakai, matekai

hunt whaiwhai
hurry whāwhai
hurt mamae
hurt, to mamae; whakamamae
husband hoa tāne
hydroslide retireti wai
hymn hīmene

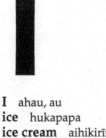

I ahau, au
ice hukapapa
ice cream aihikirīmi
iceberg motuhuka
icing (on cake) huka
idea whakaaro; kaupapa
idiot pōrangi
if ki te; me, mehemea, mēnā
ignorant ware
ill māuiui; mate
illegal waho i te ture
illness mate
image āhua
imagine pohewa
immediately ināia tonu nei
impatient whāwhai, takakino
import hoko ki uta; whakauru
important matua; taumaha; whai tikanga
impossible e kore e taea
impressive tino tau
improve whakapai
in hei; kei; ki; nō
including tae atu ki
income moni whiwhi
income tax tāke moni whiwhi
incomplete taurangi
increase oha; whakanui

indeed! āe! āe mārika! āna!
independent motuhake
indoors roto
infection mate
influence (power) mana, awe
influenza tarutawhiti, rewharewha
inform whakamōhio
inhabit noho
injection wero
injure tūkino
injury kino
ink iniki
inland uta
innocent (not guilty) harakore
innocent (naive, simple) kūare
inquire pātai, uiui
insect mata; ngārara; mū
inside roto
inspector kaitirotiro
instead of tē
instruct tohutohu
insult mūheni
insurance rīanga, inihua
intelligent mōhio, mātau
intend whakakoro
intensive care unit wāhanga whāomoomo

international   o te ao; nō/o/ki
  tāwāhi
Internet   Ipurangi
interpret   whakamāori,
  whakamārama
interpreter   kaiwhakamāori,
  kaiwhakamārama
interrupt   aruaru
interview   uiuitanga
into   ki; ki roto ki

invade   whakaeke
invent   tito, tene
invisible   ngaro
invite   tono, pōwhiri
**iron (for pressing
  clothes)**   haeana
island   motu, moutere
it   ia (not normally used for
  inanimate objects)
itch   mangeo, māeneene

jacket tiakete
jail whare herehere
jam tīamu
January Hānuere, Kohitātea
jar pounamu
jaw kauae
jealous hae, wene
jealousy pūhaehae
jeans tarau tāngari
jelly wai petipeti; tiere
jellyfish tepetepe
Jesus Ihu
jet lag ngenge rererangi
jewel rei
jewellery rei, kahurangi
jigsaw puzzle tāpaepae
job mahi
jogging toitoi, hūrokuroku
join āpiti, hono, tūhono

joke hangarau
journalist kairīpoata
journey haere, haerenga
joy hari
joyride haerenga pokanoa
judge, a kaiwhakawā
judge, to whakawā
judo nonoke
juice wairanu
July Hūrae, Hōngongoi
jumble sale hokohoko hanumi
jump tūpeke
jumper (woolly) poraka
June Hune, Pipiri
jungle waoku
junior teina, taina
junk otaota
just kātahi tonu, kātahi anō
justice tika

kangaroo kangaru
karate karate
kayak kōreti
keen kaikaha; hiahia; ngākaunui
keep tiaki; pupuri
kennel whare kurī
kettle tīkera
key kī
kick whana
kidnap kahaki
kill patu; kōhuru
kilogram kirokarāmu
kilometre kiromita
kind (nice) atawhai
kind (type) momo, tūmomo
kindergarten kura kōhungahunga

king kīngi
kingdom rangatiratanga
kingfisher kōtare
kiss kihi
kitchen kāuta, kīhini
kite manu
kitten punua poti
knee turi, pona
kneel tūturi
knife māripi
knit whatu
knock tuke
knot pona
know mōhio
knowledge mōhiotanga
koala koara

L

laboratory taiwhanga pūtaiao
lace, to kāpui
ladder arawhata
ladybird pāpapa kōpure
lake roto; moana
lamb rēme
land whenua
landslide horo
language reo
large nui (pl nunui)
last whakamutunga
late tōmuri
later a muri ake nei
laugh kata
law ture
lawnmower pōtarotaro
lawyer rōia
lay down whakatakoto
layer papanga
lazy māngere, tūkeke
lead, to ārahi
leaf rau
leak turuturu
lean hinga
leap mawhiti
leap year tau peke
learn ako
learner akonga

lease rīhi
leash here
leather kirikau
leave whakarere
left mauī
left, to be mahue
leg waewae
legend pakiwaitara
leisure centre whare rēhia
lemon rēmana
lemonade wai rēmana
length roa
lengthen whakaroa
leopard rēpata
less iti iho
lesson akoranga
let kia; waiho; tuku
letter reta; pukapuka
letter box pouaka reta
lettuce rētihi, arata
library whare pukapuka
lick mitimiti
lid popoki
lie (tell lies) tito, teka, rūpahu
lie (lie down) takoto
life ora
lift, to hāpai

light mārama (natural); rama (artificial)
light (in weight) māmā
light bulb pūrama
lighthouse tīramaroa
lightning uira; hiko
like me; rite
like, to pai
like that pēnā, pērā
like this pēnei
likeness ritenga
line (row) rārangi
line (fishing) aho
linger tairoa; karioi
link hononga
lion raiona
lip ngutu
lipstick pani ngutu
liquid wai
listen whakarongo
litre rita
litter (rubbish) parahanga, otaota
litter, to whiuwhiu para
little iti, paku, nohinohi
live (at a place) noho
live, to ora
living room rūma noho

lizard moko
load, a pīkau
load, to uta
loaf rohi
local ā rohe
lock raka
lonely mokemoke
long roa (pl roroa)
long for hihiri
look tiro, titiro
look! nanā!
look at mātaki, mātakitaki
look for rapu, kimi
loose mātangatanga
lost mahue; ngaro
lots tini; maha; nui; tokomaha (of people)
lottery rota
loud hoihoi, turituri
love aroha
lover tahu, tau, whaiāipo
low hakahaka
lucky waimarie
lullaby oriori
lunch tina
luxury tino hāneanea

machine mīhini, pūrere
machinery mīhini, pūrere
mad pōrangi
magazine maheni
magic mākutu
magician ruānuku
magnet aukume
mail mēra
main mātāmua
mainland tuawhenua; uta
make hanga
make-up whakapaipai
male tāne; toa (of animals)
mammal whakangote
man tāne
manage whakahaere
manager kaiwhakahaere
mango mango
mangrove mānawa
manners whanonga
many wene, maha, nui, huhua
map mapi
marathon oma taumano
marbles hītimi, māpere
March Maehe, Poutūterangi
margarine patahinu
mark tiwha
marriage mārenatanga, tangohanga

marry moe, mārena
mask, a huna kanohi
mat whāriki
match māti
mathematics pāngarau
matter (situation) take
matter (substance) mea
matter (problem) raruraru
matter (important) hira
mattress moenga
maximum mutunga rawa
May Mei, Haratua
maybe pea
me ahau, au
meal kai
meaning tikanga
measles karawaka, mītara
measure tātai, rūri
measure, to whanga
meat mīti; kiko
mechanic kaiaka mīhini
medal tohutoa
media hunga pāpāho
medical school kura rata
medicine rongoa
meet tūtaki
melon merengi, mereni
melt rere, rewa

memory mahara
men tāne
mend hanga; tapi
menu (food) rārangi kai
menu (computer) rārangi tono
merciful tohu aroha
merry-go-round porowhawhe
mess paruparu
message karere; pānui
messenger karere
messy uarapa, pōrohe
metal konganuku, mētara
meteor kōtiri, kōtiritiri
method tikanga
metre mita
microphone hopuoro
microscope karu whakarahi
microwave ngaruiti
midday poupoutanga o te rā
middle waenga, waenganui
midnight · waenganui pō; weherua pō
might tērā; ekene; pea
migrate heke
migration maunutanga; hekenga
milk waiū, miraka
milkman kaituku miraka
millilitre miririta
millimetre mirimita
millionaire mirionea
mind, the hinengaro
mine nāku, nōku
minibus pahi iti
minimum iti
minister minita

minute meneti
miracle merekara
mirror whakaata
mischievous rawahanga
miserable tāpou
miss, to hapa
missionary mihinare, mihingare
mist kohu
mistake hapa, hē
mistaken pōhēhē
mix pokepoke
moan wheo
model tauira
model, a (fashion) kaiwhakaatu
model, to (fashion) whakaatu
modern hou
moment takitaro
Monday Mane, Rāhina
money moni
monkey makimaki
monster ngārara; taniwha
month marama, kaupeka
mood āhua ngākau
moon marama
moonlight atarau; ata marama; ata māhina
more nui atu, nui ake
morepork ruru
morning ata
mosquito naeroa, waeroa
moss rimurimu
most (the majority) te nuinga
most (the greatest quantity) tino
motel mōtēra

moth pēpepe
mother whaea; matua wahine
mother-in-law hunarei, hungarei
motor pūrere, mīhini
motor racing whakataetae motokā
motorbike motopāika
mountain maunga
mountain bike paihikara
  maunga
mountaineering pīkaunga
mourn tangi
mouse kiore
mouth māngai, waha
mouth (of river) wahapū,
  pūwaha
move kori, neke, nuku
move about whēkoi, kānekeneke
move along nuku
move aside kotiti
move onwards whanake
move quickly whakangāwari
move slightly ngaoko
movie pikitia, whitiāhua
MP Mema Pāremata
much nui
mud paru

muesli patahua
mug (cup) maka
multicultural tikanga maha
multimedia pāpāho maha
multiply whakanui
mum (mother) māmā; whaea
mumps repe hūare pupuhi
murder kōhuru
murderer kaikōhuru
murmur wara
muscle uaua, io
museum whare taonga
mushroom harore
music whakatangitangi; puoro,
  pūoru
musician kaiwhakatangitangi
mussel kuku, kūtai
must mātua
mustard panikakā
mutter hameme
mutton mīti hipi
muttonbird ōi, tītī
my taku, tāku, tōku (singular); aku,
  āku, ōku (plural)
mystery muna
myth pūrākau

nail   nēra
naked   tahanga, kiri kau
name   ingoa
name, to   tapa, hua
nap   moe
nappy   kope
narrow   whāiti
nasty   maniheko; kino
nation   iwi
native   māori
natural   tūturu
nature   ao tūroa
naughty   hīanga; tutū
near   tata
nearly   tata tonu
neat (tidy)   tau
neat (cool! terrific!)   tino pai,
   tumeke
neck   kakī
necklace   tāhei; mau kakī
need   hiahia
needed   matea
needle   ngira
negative (number)   tōraro
neglect   whakarere
neighbour   kiritata
nephew   irāmutu
nervous   āmaimai

nest   kōhanga
net   kaharoa; kupenga
network   kōtuitui; hononga
neutral   whakaraupapa, kūpapa
never   kāhore rawa, kore rawa
new   hou
New Zealand   Aotearoa; Niu
   Tīreni
news   kōrero
newsletter   pānui
newspaper   nūpepa
next (of time)   panuku
nibble   kohonihoni, timotimo
nice   reka, rawe, pai
nickname   ingoa tāpiri, ingoa
   kārangaranga
niece   irāmutu
night   pō
nightmare   moepapa, kuku
nine   iwa
nip (pinch)   kuku, timo
no   kāo (in reply to question); kāore,
   kore, kāhore
nobody   kāore he tangata
noise   turituri, hoihoi,
   tawetawe
noisy   turituri, hoihoi,
   tawetawe

none kāhore
nonsense kutukutu ahi
noon te poupoutanga o te rā
normal māori; tonu
north raro; raki
nose ihu
not kāhore, kāore, kore
note (music) orotahi
note (written) tuhinga
nothing kore
notice, a pānui
notice, to kite
noticeboard papa pānui

November Noema, Whiringa-ā-rangi
now ināianei
nowhere kāhore he wāhi
nuclear karihi
nuclear-free karihi-kau
nudge tuketuke
nuisance hōhā, pōrearea
numb kōpā
number nama
numberplate tauwaka
nurse tapuhi
nut nati

O

o'clock   karaka
oar   hoe
obedient   rongo
obey   rongo
object, to   whakakāhore
obstacle   ārai
obstinate   pake
obtained   riro
occupied   kapi
ocean   moana, tai
October   Oketopa, Whiringa-ā-nuku
octopus   wheke
odd (strange)   rerekē
odd (number)   panatahi
odd (occasional)   tīpakopako
of   ā, ō
off (off the field)   makere, heke
off (the game is off; the lights are off)   kore
off (off the road)   raro
off (rotten)   pirau
offend   tunuhuruhuru
office   tari
officer   āpiha
often   auau
oh!   ai!
oh no!   auē!

oil   hinu
old   tawhito
on   i/kei/ki runga
once   kotahi
one   tahi, kotahi
onion   aniana, riki
only   kau, anahe, anake
open   puare, tuwhera; wātea
open, to   whakatuwhera
opening   puta
operate (use)   whakamahi
operation (medical)   pokanga
opinion   whakaaro
opportunity   wā
opposite   taurite
optician   kaimātai whatu
or   rānei
orange (colour)   karaka
orange (fruit)   ārani
orange juice   wai ārani
orchard   uru huarākau
orchestra   tira pūoru
order, to   whakahau
ordinary   māori
origin   tīmatanga
orphan   pani
other   atu
ouch   auē

our ā/ō/tā/tō tāua (yours and
  mine)
  ā/ō/tā/tō māua (belonging to us
  two not including you)
  ā/ō/tā/tō tātou (belonging to all of
  us including you)
  ā/ō/tā/tō mātou (belonging to all
  of us not including you)
out ki waho
outer space ātea tūārangi
outside waho
oven hāngi, umu
over ki runga i

overcome where
overdose kai inati, tuwhena rawa
overflow mānu
overhear rongopuku
overseas tāwāhi, rāwāhi
overturn porohuri
owe nama
owl ruru
own tupu, ake
oxygen hāora
oyster tio
ozone layer pekerangi

package mōkī, mōkihi
paddle hoe
paddock pātiki
page (book) whārangi
paid ea
pain mamae
paint, to tā, peita
painting, a whakaahua
pair tōpū, tokorua
palace whare kairangi
pale tuatea
pancake panekeke
panic ohooho, hopohopo
paper pukapuka, pepa
parachute hekerangi
parakeet kākāriki
parent matua
park (recreation ground) pāka;
  pārae
parliament pāremata
parrot kākā
part wāhi
partner hoa
party pō whakangahau; hākari
pass by pahure
passenger pāhihi
passport uruwhenua
past, the mua

pasta parāoa rimurapa
pastry pōhā
path ara
patient (sick person) tūroro
patient, to be manawanui
pattern tauira
pause okioki
pay utu
pea pī
peace rongo, rangimārie
peaceful hūmārire, hūmārie
peach pītiti
peak keo, tihi
peanut pīnati
peanut butter pīnati pata
pear pea
pearl peara
pebble pōhatu, kōhatu
pedestrian crossing rewarangi
peg titi
pen pene
pencil pene rākau
penguin, crested tawaki
penguin, little blue kororā
people hunga; iwi; tāngata
pepper pepa
peppermint hīoi pepa
perfect tika

perfume rautangi, kakara
perhaps pea
permanent tūturu
permission whakaaetanga
permit, to tuku
persist ngana
person tangata
persuade kukume
pest nanakia
pet mōkai
petrol hinu
petrol station teihana hinu
phone waea
photocopier pūrere whakaahua
photocopy whakaahua
photograph whakaahua
photographer kaiwhakaahua
piano piana
pick (choose) whiriwhiri, kōwhiri
picnic pikiniki
picture whakaahua
pie pae
piece wāhi
pierce poka
pig poaka
pigeon kererū; kūkū; kūkupa
pile pūranga
pill pere
pillow urunga, pera
pilot kaiurungi
pimple kiritona
pin titi, pine
pinch nati, kini, kuti
pink mākurakura, māwhero
pipe paipa

pirate kaitiora
pistol pū hurihuri, ngutu pārera
pit rua, kōrua
pity aroha, atawhai
pixie patupaiarehe
pizza parehe
place wāhi
place, to panga
plain (flat land) mānia
plain (clear) mārama
plain (bare) more
plain (ordinary) māori
plait raranga, whiri
plan (course of action) kaupapa
plan (diagram) tauira, hoahoa
plane (aeroplane) wakarererangi
plant, to tanu, whakatō
plant, a tipu
plastic kirihou
plate pereti
play, to tākaro
playful pukutākaro
playground papatākaro
pleasant āhuareka
please (polite request) koa
please, to whakawaireka
pleased koa
pleasure rēhia
plentiful maha, nui, tini, rahi
plenty huhua
plug puru
plum paramu
plump kukune, kunekune
plunder muru
pocket pūtea

pocket money utu ā wiki
poem whiti, pātere
point, a tongi, mata, tara
point, to tohu
poison paitini
polar bear pea hurumā
pole pou
police officer pirihimana
policy kaupapa here
polite huatau
politics tōrangapū
pollen para
pollute poke
pollution pokenga
pond hōpua
ponder whakaaroaro
pony poniponi
pool (of water, blood) hōpua
pool (swimming) terenga
poor pōhara, rawakore
popcorn kānga papā
porch mahau, roro
pork poaka
position takotoranga, tūnga, tūranga
possessions taonga, taputapu
possible āhei, taea
post (pole) pou
post (mail) mēra
post, to tuku
post office poutāpeta
PO Box pouaka poutāpeta
postcard kāri
postie kaiamo mēra
pot kōhua

potato rīwai
pottery kerepeti, matapaia
pour ringi, rutu
powder paura
power mana
practice (training) whakawaiwai
practise, to whakawai
praise, to whakamihi
pram waka pēpi
pray īnoi
prayer karakia
preach kauwhau
pregnant hapū
prepare whakapai, takatū, whakatika, whakarite
present (gift) koha, whakahere
present, to tāpae
press down tāmi
prestige mana
pretend māminga, takune
pretty ātaahua
prevent taupā
price utu
pride whakapehapeha
priest tohunga; pirihi
prime minister pirimia
prince piriniha
princess piriniha
principal tumuaki
print (publish) tā
print-out pepa
prison whare herehere
prisoner pononga, mau herehere
prize paraihe
problem raruraru

profit hua
project kaupapa
promise kupu whakaari
proper tika
property taonga
protect whakamarumaru
protection whakamarumaru
protest mautohe, tautohe
protester waha mautohe
proud whakahīhī
prove whakamātau
public (not private) tūmatanui
public, the iwi whānui
publish whakaputa; tā
pudding purini
puddle tōhihi
pull kume, tō
pull apart heu
pull up huti
pumice koropungapunga

pumpkin paukena
punch, to meke, moto
punish whiu
punished ngawhi
pupil (student) ākonga
puppet karetao
puppy papi
purple poroporo
purpose tikanga
purse pāhi
push tute; pana
push down tūraki
push for (advocate) kōkiri
pushchair waka pēpi
put whao
put in komo
put on (clothes) kuhu
put out (fire) tinei
puzzle panga
pyjamas kahu moe

quantity nui
quarantine taratahi
quarrel wau
quarter koata, hauwhā
queen kuini
question pātai, ui
queue rārangi
quick kakama, hihiko, hohoro
quickly wawe

quiet wahangū
quit whakamutu
quite mārika
quiz kai roro
quota motunga
quotation pepeha, kōrero
quote (estimate of cost) whakatau utu
quote, to whakahua

rabbit rāpeti
race (people) iwi
race (contest) whakataetae
race (running) tauomaoma
racket (for sports) patu
radar hihiani
radio reo irirangi
radioactive ira rukeruke
raffle rāwhara
rage niwha
ragged kuha
rags karukaru
railway rerewhenua
railway station teihana
rain ua
rainbow āniwaniwa, uenuku
raincoat tāpōrena, uarua
raise hāpai
raised tārewa
raisin karēpe tauraki
rake rakuraku
range of hills paeroa
ransom utu
rascal nauhea
rat kiore
rate (speed) pāpātanga
rate (frequency) auau
rate (amount charged) utu

rather engari
rattle tetetete
raw mata
ray of sun hihi
razor heu
reach (attain) eke; tae
read pānui
ready tatanga
real tinana; tino
rear muri
reason take
rebel, a tutū
rebel, to whana
receive tango mai
reception (radio or television) tangi
receptionist kiripaepae
recipe tohutaka
recite takitaki
reckless pokerenoa
recognise kite, mōhio
record, a rekoata
record, to (audio) hopu
red whero
reduce whakaiti
reed raupō
reef tau, ākau
referee kaiwawao

referendum whakataunga ā iwi
reflection whakaata
refresh whakahauora
refrigerator whata mātao
refuge omanga
refugee rerenga
refuse (say no) whakakāhore
region pae, rohe, takiwā, whaitua
regular auau
reject whakaparahako
relation eweewe, whanaunga, huānga
relation, distant epeepe
relation by marriage kaireperepe
relationship whanaungatanga; hononga
relax whakakorokoro, whakatā
release wete
reliable (of person) pono
reliable (of data, information) tika
relish kīnaki
reluctant manawapā
remain noho
remainder toenga
remedy rongoa
remember mahara
remind whakamahara
remote control, a rou mamao
remove tango
rent reti
repair whakapai; tapi
repeat tārua
reply whakahoki; whakautu
report, a pūrongo

report, to whakatau
reptile ngārara
rescue, a whakaoranga
rescue, to whakaora
resist whawhai
respect koha
responsibility kawenga
rest (break) whakatā, whakangā
rest (remainder) toenga
rest (sit on) tau
restaurant wharekai
restless tourepa
result tukunga iho, hua
return hoki
revenge ngaki, utu
reward utu
rhyme huarite
ribbon rīpene
rice raihi
rich (wealthy) whai taonga, whai rawa
rich (food) mōmona
riddle panga
ride haere, eke
ridge hiwi
ridge-pole tāhuhu
right (not left) matau, katau
right (correct) tika
ring (circle) porohita, porowhita, mōwhiti
ring (jewellery) tarawhiti, rīngi
ring, to rīngi
ripe maoa
ripple kare
rise ara

rise up maranga
river awa
riverbank parenga
road ara, huarahi
roadworks whakatikatikanga rori
roam tipiwhenua
roar haruru
roast tunu
rob tāhae
robber tāhae
robot karetao
rock, a kāmaka, toka
rock, to whakapīoioi
rock climbing piki toka
rocket (space) waka tūārangi,
  tākirirangi
roll taka
roll up pōkai
rollerblades koneke
rollerskating koneke
roof tuanui
room rūma

rooster tame heihei
root pakiaka; pū
rope taura
rose, a rōhi
rotten pirau
rough tara
round taka
row (line) tūtira; rārangi
row, to hoe
royal ariki tapairu
rub miri, mirimiri
rubber (stationery) muku
rubbish otaota
rugby whutupaoro
ruler (stationery) tauine
rumble puoro; ngunguru
run oma
run away tahuti
runner kaioma
runway papa taunga
rush, to hīrere
rust waikura

sack pēke
sacred tapu
sad pōuri
saddle tera
sadness hinapōuri, matapōrehu
safe ora
safety whakarurutanga
sail, a rā
sail, to rere
sailor hēramana
salad huamata
salary utu ā tau
sale hokohoko
salmon hāmana
salt tote
salty mātaitai
same rite, ōrite
sand one
sandal korehe, kopa
sandbank tāhuna
sandfly namu
sandwich hanawiti
Santa Claus Hana Kōkō
satellite amiorangi
satisfactory pai
satisfied manawareka; mākona
Saturday Hatarei, Rāhoroi
sauce wairanu

saucepan hōpane
sausage tōtiti
save (rescue) whakaora
save (money) whakaputu
savings pūtea
saw, to kani
saxophone pūtohe
say kōrero; kī
scales (for weighing) whārite
scar nawe
scarce papāroa
scare, a tumeke, mataku
scare, to whakamataku
scatter hora
scattered marara
scent tīere, tīare, kakara
school kura
schoolbag pēke, pāhi, kopa
science pūtaiao
scientist kaipūtaiao
scissors kutikuti
scoop out tikarohi, tīkaro
score, the tapeke
score, to paneke
scoundrel taurekareka
scrap toenga
scrape waru, tahitahi
scratch, to natu, raku, rapi

scream ngoengoe, hāparangi
screen (computer) mata
scrub, to kōmukumuku
sea moana
seafood kaimoana
seagull karoro
seal (animal) kekeno
search, a rapunga
search, to rapu, kimi
search party ohu rapa
seashell anga
seasick ruaki moana
seaside tātahi
season tau, wāhanga
seat tūru
seatbelt tātua tūru
seaweed rimurimu
second (in a series) tuarua
second (in time) kimonga
secret tōngā, muna
secretary hēkeretari
see kite
seed kākano, purapura
seek kimi
seem ngia
seesaw pīoioi
select tīpako; whiriwhiri
self anō; ake
selfish kanepō, matapiko
sell hoko
send ngare, tono, tuku
sense, to rongo
sensible whai tikanga
sentence (grammar) rerenga
sentence (prison) whiu

separate tauwehe
September Hepetema, Mahuru
series raupapa
servant pononga; kaimahi
serve whakarato
set (group) huinga
set (of sun) towene
seven whitu
several ētahi, ētehi
sew tui
shade maru
shade, to whakamarumaru
shadow ātārangi
shady (of trees) tāmaru,
   taumarumaru, pūruru
shake rū, rūrū
shake gently oioi
shake hands hariru, rūrū
shallow pāpaku, koraha
shame whakamā
shampoo hopi makawe
shape ata
shape, to tārai
share (out) tohatoha
share (portion) tiri, wakawaka
shark mako, mangō
sharp koi
sharpen whakakoi
shave waru, heu
she ia
shed wharau
sheep hipi
sheet hīti
shelf pae
shell anga; pāpapa

shellfish   kaeo
shelter (protection)   maru
shelter, to   whakamarumaru
shepherd   hēpara
shine   korapu
shiny   pīataata
ship   waka, kaipuke
shipwreck   paenga
shirt   hāte
shiver   wiri
shoal of fish   rara
shock   whiti
shoe   hū
shoelace   kaui
shoot, to   pupuhi
shop, to   hoko
shop (store)   toa; whare hoko
shore   ākau
short   poto
short cut   poka tata
shorts   tarau poto
should   me
shoulder   pakihiwi, pokohiwi
shouldn't   kaua
shout   umere, hāmama
shovel   koko
show, a   whakangahau
show, to   whakaatu
shower (bathroom)   hīrere
shower (rain)   uwhiuwhi
shudder   oi
shut   kati
shut (the eyes)   nenewha
shy   whakamā
sick   māuiui; mate

side   taha
sift   tātari
sigh   mapu
sightseeing   hōpara
sign   tohu
silence   mūmū
silent, to be   nohopuku, ngū, taipa
silly   rorirori, heahea
silver   hiriwa
similar   ōrite
simple (easy)   māmā
sin   hara
since   ina
sing, to   waiata
singer   kaiwaiata
single (unmarried)   kiritapu;
   takakau
sink, to   ruku
sip   inuinu
sister   tuahine (of a male); tuakana
   (older of a female); teina (younger
   of a female)
sit   noho
six   ono
size   rahi; nui
skateboard   papareti
skates   kopareti
skeleton   anga
sketch (draw)   huahua
ski   retihuka
skiing   retireti hukarere
skin   kiri
skinny   tūpuhi
skipping rope   taura piu
skirt   panekoti

skull angaanga
sky rangi
slam āki
slant hinga
slap paki
sleep moe
sleeping bag pūngene
sleepy hiamoe, ngenge
sleeve ringaringa
slice, a poro
slice, to tapahi
slide, a retireti
slide, to koneke, paheke, mania
slightly tahanga
slip, to mania
slipper hiripa
slippery mania
sloping rōnaki
slow wherū, pōturi
slowly āta
slug ngata
smack papaki
small iti, nohinohi, pakupaku
smart (clever) kamakama, kakama
smash tūtuki, āki
smell haunga (unpleasant); kakara (pleasant)
smell, to rongo
smile mingomingo kata, memene, menemene
smoke auahi
smoke, to (cigarettes) kai paipa
smooth māeneene
smother tāmi

snack paramanawa
snail ngata
snake nākahi
snap (break) whati
snapper tāmure
snare rore
snatch kapo
sneer tāwai
sneeze tihe
sniff, to hongi
snore ngongoro
snorkel ngongohā
snort whengu
snow huka
so (that) kia
so (therefore) heoi anō, nō reira
soak, to waiwai
soap hopi
sob whakaingoingo
soccer poikiri
social worker tauwhiro
socks tōkena
sofa hōpa
soft ngehengehe, ngohengohe
softdrink waireka
software pūmanawa rorohiko
soil oneone
solar power pūngao kōmaru
solar system rerenga o Tama-nui-te-rā
soldier hōia
solid pāmārō
some he; ētahi, tētahi
somebody tētahi tangata
something tētahi mea

sometimes ētahi wā
somewhere tētahi wāhi
son tama
song waiata
soon ākuanei, mea ake; wawe
sore mamae; mate
sorrowful pōuri; tuarea
sorry (sad) pōuri
sorry (apology) aroha mai
sort (arrange) wehewehe
sort (kind) tū, momo, tūmomo
soul wairua
sound tangi
soup hupa
sour kawa
source pū; pūkaki
south runga, tonga
space wāhi; wā; tiriwā
space (outer) ātea tūārangi
spaceship waka tūārangi
spade kāheru
spark kora
sparrow tiutiu
speak kōrero
speak softly kuihi; kōhimu
spear huata
special hirahira (prized);
  motuhake (different)
special effects ariā hirahira
speech (lecture, talk) kauhau,
  kauwhau, kōrero
speech (way of talking) reo
speed tere
speed camera kāmera tere
speed limit pae tere

speedboat wakatere
spell, a karakia
spell, to tātaki
spelling tātaki kupu
spend whakapau
spider pūngaiwerewere,
  pūngāwerewere
spider's web tukutuku
spike tara
spill maringi
spin round takahurihuri
spirit wairua
spit tuha, tuwha
splash pōrutu
splinter maramara
split tītore
spoil takakino
sponge hautai
spoon koko, pūnu
sport tākaro, hākinakina
spot tongi
spotted kōtingotingo
spray rehutai
spread pani
spread out uwhi
spread over popoki
spring (season) kōanga
spring of water puna
spring, to tūrapa
sprinkle toutou
sprout pihi
spy tūtai
square tapawhā rite
squeal wē
squeeze roromi**

stab pūmuka
stable tēpara
stack pū
stage atamira
stagger takarangi
stairs arawhata
stalk, a kakau, tā
stalk, to āngi, whakamokamoka
stamp (postage) pane kuini
stamp (with foot) takahi
stand, to tū
stand firm whakawheua
star whetū
stare tiro mākutu
starfish pātangatanga
start, to tīmata
startle whakaoho
starve whakatina
station teihana
stationary whakapahoho
stationery pānga tuhituhi
stay noho
steady pāmārō
steak motū
steal tāhae, whānako
stealthy kōnihi
steam mamaha, mamaoa
steep paritū
stem tātā
step whētoko
stereo tīwharawhara
stick, a tokotoko
stick (with glue) whakapiri
sticking plaster tāpi
sticky hāpiapia, tāpiapia

stiff kōpā
still (yet) tonu, anō
still (not moving) marino, nohopuku
sting kakati
stingray whai
stingy matapiko
stinking piro
stir kōrori
stitch tuitui
stomach puku
stone kōwhatu, kōhatu, pōwhatu, pōhatu
stool tūru
stoop tūpou
stop tū
storehouse pātaka
storm āwhā; tūpuhi; marangai
stormy totoa; marangai
story kōrero; kōrero pūrākau
stove kare
straight tohitū, tika, tautika
strange tauhou
stranger tauhou
strangle tārore
strap kawe
straw takakau
strawberry rōpere
stream manga, awa
street tiriti
strength kaha
stretch totoro; whakatoro
stretch out kume
stride tōihi
strike (a match) tākiri

string aho
stripes tāhei
stroke, to hokomirimiri
strong kaha
struck whara, pā
struggle wheta
stubborn ioio
student ākonga, tauira
study, to ako
stumble tapepa
stupid moho; kūare; rorirori
subject, a kaupapa
submarine waka whakatakere
subtract tango
suburb tapa tāone
suck momi, ngote
suddenly tata
suffer mate
sugar huka
suicide, to commit
  whakamomori
suit (clothing) hūtu
suitable pai
sum tapeke
summer raumati
summit tihi
sun rā
sunbathe pāinaina
sunburn tīkākā
Sunday Rātapu
sunglasses mōwhiti rā
sunny paki
sunrise whitinga o te rā
sunscreen pare tīkākā
sunset tōnga o te rā

sunshine rāwhiti
supermarket hokomaha
supper hapa
support tautoko; whakaū
suppose māharahara, māhara
surf, the karekare
surf, to whakaheke ngaru
surface mata
surfboard kōpapa
surname ingoa whānau
surprise kōmutu; tumeke
surprising whakamīharo
surrender tuku
surround hautoki
survive ora
survivor rerenga; mōrehu
suspicious tūpato
swallow, to horomi
swamp mātā; repo
swan wani
sweat tokakawa; werawera
sweatshirt poraka
sweep tahi, tahitahi
sweet reka
sweetheart whaiāipo, tahu
swell, to pupuhi
swift tere
swim kaukau, kauhoe
swimming pool hāpua, kauranga
swing tārere
switch, a pana
switch on, to whakakā
swollen uruumu; pupuhi
sword hoari
symbol waitohu

T

table tēpu
table tennis poikōpiko
tablecloth takapapa
tablespoon kokotaha
tackle rutu
tail hiku (of a fish or reptile);
  waero, whiore (of other animals)
take tango
take hold of tango, mau
take off unu, hura
taken riro
tale pūrākau, pakiwaitara
talents parapara
talk kōrero
talk nonsense kohe
talkative ngutu momoho
tall roa, teitei
tame rata
tape, a rīpene
tape, to hopu
tape deck hopureo
taste hā
tattered karukaru
tattoo, a moko
tattoo, to tā, tā moko
tax tāke
taxi wakatono
tea tī

teach ako; whakaako
teacher kaiwhakaako, māhita,
  kaiako
team kapa
teapot tīpāta
tear, to haehae
tear off kōwhaki
tears roimata
tease whakatoi
teaspoon kokoiti
technology hangarau
teddy bear teti pea
teeth niho
telephone waea
television pouaka whakaata
tell kī, kōrero, whāki
tell off riri; kōwhete
temper (bad-tempered) riri
temperature mahana
temporary rangitahi
tempt tahu
ten tekau
tennis tēnehi
tent tēneti
term (school) wāhanga
terrible wehi
terror mataku, wehi
terrorist kaiwhakatuma

test whakamātautau

than i

thank whakamihi

thank you tēnā koe; kia ora

that ia; tēnā (near you); tērā (further away); taua (already mentioned)

the te (singular); ngā (plural)

theatre whare tapere

theft whānako

their tā rāua, tā rātou, tō rāua, tō rātou (singular); ā rāua, ā rātou, ō rāua, ō rātou (plural)

them rāua (two); rātou (three or more)

then kātahi

theory ariā

there anā

therefore nō reira

these ēnei

they rāua (two); rātou (three or more)

thick mātotoru

thief kaiā, tāhae

thin kōhoi; maiaka; tūpuhi; whīroki

thing mea; taru

think whakaaro

third tuatoru

third, a hautoru

thirst hiainu

thirsty hiainu

this tēnei

thistle kōtimana

thorn tara

though ahakoa; engari

thoroughly mārire

those aua (already mentioned); ēnā (near you); ērā (further away)

thought whakaaro

thoughtless ware, wareware

thousand mano

thread miro

threat turituri

threaten wananga

three toru

throne torōna

through mā; nā

throw maka, panga, whiu, epa

throw away ākiri

thrush piopio, tiutiu

thumb rongomatua, kōnui

thump kuru

thunder whatitiri, whaitiri

thunderstorm rautupu

Thursday Tāite, Rāpare

tick (not cross) tohu

ticket tīkiti

tickle whakakoekoe; whakangaoko

tidal wave tai āniwhaniwha

tide tai

tie whītoki

tie in a knot pona

tie up here

tiger taika

tightly kita

timber rākau

time wā

timetable wātaka

timid taiatea; waitau

tin tini
tiny itiiti
tip hiku
tiptoe hītekiteki
tired tauwherū; ngenge
tissue aikiha pepa
title ingoa
to ki
toad poroka taratara
toadstool ipurangi
toast tōhi
toaster tāina
today tēnei rā, te rā nei
toe korokoro
toffee tawhi
together tahi
toilet wharepaku
toilet paper pepa whēru, whēru
tomato tōmato
tomorrow āpōpō
ton tana
tone reo
tongs pīnohi
tongue arero
tonight tēnei pō, te pō nei
too anō
tool pāraha
tooth niho
toothache niho tunga
toothbrush paraihe niho
toothpaste paniaku
top (of tree etc) tāuru
topknot tikitiki
torch rama
torn pakaru; tīhaea

tortoise honu whenua
toss, to whiu
total tapeke
touch pā
tough mārō; uaua
tourist tāpoi
towards ki; whaka-
towel tauera
town tāone
tower taumaihi
toy taonga tākaro
trace (copy) whakaata
trace (search for) whai
track (walking) ara
track, to taki; whai
tracksuit kaka rēhia
tractor tarakihana
trade (job) mahi
trade (swap) tuopu
traffic (heavy) mātotorutanga o te waka
traffic jam inaki waka
traffic lights rama waka
train tereina
trample takahi
trampoline tūraparapa
transparent kōataata
transport waka
transport, to mau, kawe, hari
trap tarahanga, māhanga
travel haere; tāwhe
tread takahi
treasure taonga; kahurangi
treasure, to kaingākau
treat, a hari

treat badly tūkino
treat well manaaki
tree rākau
tremble wiri, wiriwiri
trial whakamātauranga
tribe iwi
trick whakangaio
trickle totō
tricycle taraihikara
trim tahi
trip, a haerenga
trip, to hīrawea
trouble raru, raruraru
trousers tarau
trout taraute
truck taraka
true pono
trumpet pūtara
trunk (of tree) tīwai

trust whakapono
truth pono
try, to whakamātau
t-shirt tī hāte
tube ngongo
Tuesday Tūrei, Rātū
tune rangi
tunnel arapoka
turn tahuri
turn on (appliance) whakakā
turtle honu
twice tuarua
twilight rikoriko
twin māhanga
twinkle hīnātore; kapokapo
twist whiri
two rua
typewriter pae patopato

ugly paraheahea
umbrella marara
umpire kaiwawao
uncertain pāhekeheke
uncle matua, matua kēkē
uncommon haraki, waraki
unconscious mauri moe
undecided whēangaanga
under ki raro i
understand mārama, mōhio
understandable mārama
underwater whakatakere
underwear tarau, kōpū
unemployed kore mahi
unemployed,the hunga kore mahi
unfinished kohuku
unfriendly atawhai kino
ungrateful manawapā
unhappy pōuri
unhealthy āhua mate; aewa
unhurt ora
uniform kākahu ōrite
unify whakakotahi
unimportant iti
union hononga
unique ahurei
universe ao tukupū
university whare wānanga

unknown kāore i mōhiotia, kāore e mōhiotia ana
unless ki te kore
unlucky whakarapa
unmarried kiritapu; takakau
unpaid tārewa
unpleasant houhou
unpopular kiriweti
untie takiri; wete
until tae noa ki
untrustworthy ngutu tere
unusual rerekē
unwelcome waingaio
unwilling whakatohetohe
up ki runga
upset (tearful) matawai
upside down kōaro
upstairs pārunga
upwards ake
urban tāone
urge akiaki
urgent e whāwhaitia ana
urinate mimi
urine mimi
us māua (myself and one other, but not you); tāua (you and me); tātou (everyone, including myself); mātou (us, but not you)

use, to tango, whakamahi

useful whaihua

useless koretake

vacant   hāmama; kau; wātea
vacuum cleaner   hororē
valley   awaawa, whārua
valuable   tino taonga
value, to   kaingākau
van   kōporo
vandal   kaiauru
vanish   ngaro
vase   ipu
vegetable   huawhenua
vegetarian   kaimanga, kaiotaota
vegetation   otaota
veil   ārai
vending machine   mīhini hoko
verandah   mahau, roro
very   rawa; tino
vet, a   rata kararehe
veteran   ika a Whiro
victory   wikitōria
video camera   kāmera ataata
video game   tākaro ataata

video recorder   hopu ataata
video tape   rīpene ataata
view (opinion)   titiro
view (outlook)   tirohanga
vigorous   tūkaha
village   kāinga, pā
vine   aka
vineyard   māra wāina
violent   whakawiriwiri
virtual reality   whaihanga
virus   wheori
vision   kitenga
visit   toro, whakatau
visitors   manuhiri
vocabulary   rārangi kupu
voice   reo, waha
volcano   puia
vomit   ruaki
vote   pōti
voyage   rerenga

wade   kau
wag   whiuwhiu
wage   utu
wail   whakatautau
waist   hope
wait   tatari
waiting list   rārangi tatari
wake   whakaara
wakeful   whakawhetū
walk   hīkoi; haere mā raro
wall   taiepa (freestanding); pakitara (of house)
wallet   kopa
wand   tira
wander   ānau
wanderer   taurangi
want, to   hiahia, pīrangi
war   pakanga
wardrobe   kāpata kākahu
warm   mahana
warm, to   whakamahana
warn   whakatūpato
warrior   toa
wary   matakana
wash   horoi
washing machine   pūrere horoi
wasp   katipō

waste (of time, effort etc)   maumau
wasteful   ngutu hore
watch, a   wati
watch, to   mātaki, mātakitaki
watchful   tūmatohi
water   wai
water, fresh   wai māori
water, salt   waitai
waterfall   hīrere, rere
watering can   kēna wai
watermelon   mereni, merengi
waterproof   pihi; piri
water-skiing   retiwai
wave (arms)   pōwhiri, pōhiri
wave (water)   ngaru
way   huarahi
we   māua (myself and one other); tāua (myself and the person addressed); tātou (everyone); mātou (us, but not you)
weak   ngoikore; ānewa
weakness   wairuhi
wealth   taonga; rawa
wealthy   whai taonga; whai rawa
weapon   patu
wear   mau
weary   ngenge

weather āhua o te rangi
weave raranga
web tukutuku
wedding mārenatanga
Wednesday Wenerei, Rāapa
weed, to ngaki
weeds otaota
week wiki, rāwhitu
weekend paunga wiki, paunga rāwhitu
weep tangi
weigh ine taumaha
weight taumaha
welcome pōwhiri
welcome! haere mai!
well (healthy) ora
Wellingon Te Whanga-nui-a-Tara
west uru, hauāuru
wet mākū
whale tohorā; parāoa
wharf wāpu
what? he aha?
what! arē!
wheel porowhita, wīra
wheelbarrow huripara
wheelchair kōrea
wheezing tīmohu
when ina; ka
when? āhea?, āwhea? (used of the future); nōnahea?, nōnawhea?, inawhea?, inahea? (of the past)
whenever kia (everytime); mā te wā (sometime)
where? kei hea? kei whea?
whether ahakoa

which? tēhea?, tēwhea?, (singular); ēhea?, ēwhea? (plural)
while i
whirlpool āwhiowhio
whisper whetewhete; kōhimu
whistle whio
white mā
whitebait īnanga
who? ko wai?
whole katoa
whose? nā wai?, nō wai?
why? mō te aha?, he aha ai?
wicked kino
wide whānui
widow pani; pouaru
widower pouaru
width whānui
wife hoa; wahine
wiggle hīkaikai
wild māka
wildlife ngā tini a Tāne
willing pai
win toa
wind hau
winding kōpiko
windmill hurihau
window matapihi; mataaho
windscreen mataaho waka
windsurfing mirihau
windy hauhau
wine wāina
wing parirau
wink kimo
winner toa
winter hōtoke; makariri; takurua

wipe   miri; ūkui
wire   waea
wisdom   mōhiotanga
wise   pūkenga
wish   hiahia, pīrangi
witch   wahine mākutu
with   i; kei; ki; me; hei
withered   rio
wizard   ruānuku
wolf   wūruhi
woman   wahine
women   wāhine
wonder (suppose)   māharahara
wonder at   mīharo
wonderful   whakamīharo
wood   rākau
wooden   rākau
wool   wūru
woollen   wūru
word   kupu
word processor   punenga kupu
work   mahi

worker   kaimahi
world   ao
worm   toke, noke
worn out   waitau
worry   māharahara; āwangawanga
worse   kino ake
worship   karakia
worthless   koretake
worthwhile   whaihua
worthy   pai
wow!   ānana! ananā!
wrap   kōpaki
wreck, a   paenga
wreck, to   tukituki
wrestle   tākaro
wriggle   kori, korikori
wring   whakawiri
wrinkle   rehe
wrinkled   kūwhewhewhewhe
wrist   kawititanga o te ringaringa
write   tuhituhi
wrong   hē

x-ray whakaata roto
xylophone pakakau

yacht pere rua
yam uhi, uwhi; oka
yawn hītakotako
year tau
yell horu
yellow kōwhai; pungapunga
yes āe
yesterday inanahi
yet anō
yoghurt waipupuru
yolk tōhua
yonder rā
you koe (singular); kōrua (you two); koutou (three or more)
young taitamariki, tamariki (of people); punua (of animals)
your tāu; tōu, tō; tā kōrua; tō kōrua; tā koutou; tō koutou (singular); ō; āu; ōu; ā kōrua; ō kōrua; ā koutou; ō koutou (plural)
yours nāu, nōu
youth (period of life) taitamarikitanga
youth (young person) rangatahi, taiohi

Z

zebra hepapa
zebra crossing rewarangi
zero kore
zip kōtui
zone rohe
zoo papa kararehe

Themed word lists

DAYS OF THE WEEK

Monday	Māne; Rāhina
Tuesday	Tūrei; Rātū
Wednesday	Wenerei; Rāapa
Thursday	Tāite; Rāpare
Friday	Paraire; Rāmere
Saturday	Hatarei; Rāhoroi
Sunday	Rātapu

MONTHS OF THE YEAR

January	Hānuere; Kohitātea
February	Pepuere; Hui-tanguru
March	Maehe; Poutū-te-rangi
April	Āperira; Paengawhāwhā
May	Mei; Haratua
June	Hune; Pipiri
July	Hūrae; Hōngongoi
August	Ākuhata; Hereturikōkā
September	Hepetema; Mahuru
October	Oketopa; Whiringa-ā-nuku
November	Noema; Whiringa-ā-rangi
December	Tīhema; Hakihea

NUMBERS

1	tahi
2	rua
3	toru
4	whā
5	rima
6	ono
7	whitu
8	waru
9	iwa
10	tekau
11	tekau mā tahi
12	tekau mā rua
13	tekau mā toru
14	tekau mā whā
15	tekau mā rima
20	rua tekau
100	kotahi rau
1,000	kotahi mano

CITIES OF NEW ZEALAND

Auckland	Tāmaki-makau-rau
Christchurch	Ōtautahi
Dunedin	Ōtepoti
Gisborne	Tūranganui-a-Kiwa
Hamilton	Kirikiriroa
Hastings	Heretaunga
Invercargill	Murihiku

Napier	Ahuriri
Nelson	Whakatū
New	
Plymouth	Ngamotu
Palmerston	
North	Papaioea
Wellington	Pōneke; Whanga-nui-a-Tara

COLOURS

black	pango; mangu
blue	kikorangi; kahurangi
brown	pōuriuri; parauri; paraone
gold	kōura
green	kākāriki
grey	tārekoreko; kiwikiwi
orange	karaka
pink	mākurakura; māwhero
purple	poroporo
red	whero
silver	hiriwa
white	mā
yellow	kōwhai

EMOTIONS

angry	riri
ashamed	whakamā
brave	toa
confused	rangirua
embarrassed	whakamā
fine/good/	
okay	pai
happy	koa, hari koa

jealous	pūhaehae; hae; wene
lazy	māngere
nervous	āmaimai; taiatea
patient	manawanui
peaceful	mārie
proud	whakahīhī
reluctant	manawapā
sad	pōuri
shy	whakamā
weary	ngenge

ACTIONS

catch	hopu
cry	tangi
dance	kanikani
hop	hītoko; hīteki
jump	tūpeke; peke
kick	whana
roll	taka; takahurihuri; pīrori
run	oma
shout	umere; hāmama
sing	waiata
sit	noho
sit down!	e noho!
skip	mawhiti
stand	tū
stand up!	e tū!
stop	tū
throw	maka; whiu; panga
walk	hīkoi

PARTS OF THE BODY

head	upoko; māhunga
hair	makawe

face	kanohi; mata
eyes	karu; whatu
nose	ihu
ears	taringa
mouth	waha; māngai
neck	kakī
tongue	arero
teeth	niho
shoulders	pakihiwi; pokihiwi; pokohiwi
arms	ringaringa
elbows	whatianga
hands	ringaringa
fingers	korokoro; matimati
back	tuarā
chest	poho, uma
stomach	puku
waist	hope
legs	waewae
knees	turi
feet	waewae
toes	korokoro; matimati

IN THE CLASSROOM

blackboard	papatuhituhi
book	pukapuka
bookshelf	papa pukapuka
chair	tūru
chalk	tioka
clock	karaka
crayon	pene hinu
desk	tēpu tuhituhi
door	kūaha; tatau
duster	ūkui
felt-tip pen	whītau; pene peita
glue	pia
mat	whāriki
paint	peita
paper	pepa
pen	pene
pencil	pene rākau
rubber	rapa; ukui; muku
ruler	rūri
scissors	kutikuti
student	ākonga; tauira
teacher	kaiwhakaako; kaiako
window	matapihi

ON THE MARAE

gathering, meeting   hui
funeral   tangihanga; tangi
hosts   tangata whenua
guests   manuhiri
welcome   pōwhiri; pōhiri
challenge   wero
call   karanga
prayer   karakia
speech-making   whaikōrero
introductions   mihimihi
elders   kaumātua
pressing of noses   hongi
shaking hands   harirū; rūrū
song   waiata
farewell speech   poroporoaki
chief   rangatira
ancestor   tupuna; tūpuna (pl); tipuna; tīpuna (pl)
open space in front of the meeting house   marae ātea
painted decorations   kōwhaiwhai
woven panels   tukutuku
carvings   whakairo
carving on top of house   tekoteko
central post of house   poutokomanawa
porch   roro; mahau
posts carved to represent ancestors   poupou
meeting house   wharenui
sleeping house   wharepuni
dining hall   wharekai
kitchen   kāuta; kihini
cooks   ringawera